QUALIDADE com HUMOR

Volume 2

Victor Mirshawka

Qualidade com Humor

Volume 2

DVS
EDITORA

DVS Editora Ltda.
www.dvseditora.com.br

Qualidade com Humor - volume 2
Copyright© 2006 DVS Editora
www.dvseditora.com.br

Todos os direitos para a língua portuguesa reservados pela editora.
Nenhuma parte desta publicação poderá ser reproduzida, guardada pelo sistema *retrieval* ou transmitida de qualquer modo ou por qualquer outro meio, seja este eletrônico, mecânico, de fotocópia, de gravação, ou outros, sem prévia autorização, por escrito, da editora.

Produção gráfica: Spazio Publicidade e Propaganda
Revisão: Jandyra Lobo de Oliveira
Diagramação, ilustração e *design* de capa: Jean Monteiro Barbosa
ISBN: 85-88329-37-9

Dados Internacionais na Catalogação da Publicação (CIP)
(Câmara Brasileira do Livro, SP, Brasil)

```
   Mirshawka, Victor
        Qualidade com humor, volume 2 / Victor
   Mirshawka. -- São Paulo  :  DVS Editora, 2006.


        Bibliografia.


          1. Administração - Humor, sátira etc.
        2. Competitividade 3. Criatividade em negócios
        4. Empreendedorismo 5. Liderança 6. Mirshawka,
        Victor, 1941 - 7. Planejamento da qualidade
        I. Título.

   06-7717                           CDD-658.40130207
```

Índices para catálogo sistemático:

```
   1. Qualidade : Administração : Tratamento
        humorístico  658.40130207
```

Dedicatória

Dedico este livro à minha querida mulher Nilza Maria, a incrível companheira de mais de 41 anos de vida em comum, a incansável e carinhosa mãe de nossos três filhos, a inspiradora das minhas ações, a insufladora de toda a energia que precisei para poder transpor as barreiras na estrada da vida, e a inseparável companheira dos inolvidáveis e mais felizes momentos da minha existência.

Parafraseando o poeta Carlos Drummond de Andrade:

"Esse longo caminho percorrido lado a lado, nos bons e maus momentos, fez de nós dois um ser unificado pelos mais fundos, ternos sentimentos.

A gente sempre se amando nem viu o tempo passar.

O amor foi-nos ensinando que é sempre tempo de amar."

Obrigado por todo esse tempo, Nilza Maria!!!

Índice

ADMINISTRAÇÃO DO TEMPO _____ 10
Porque rir é bom?

APRENDIZAGEM BEM-HUMORADA _____ 16
Os professores devem usar humor na sala de aula?

ATITUDE _____ 24
Atitudes positivas e negativas no ambiente profissional.

CAPITAL INTELECTUAL 1 _____ 32
Por que o capital intelectual é tão importante no século XXI?

CAPITAL INTELECTUAL 2 _____ 36
Por que o capital intelectual é vital?

CARREIRA _____ 45
Que tipo de profissionais querem as empresas no século XXI?

CLIENTES DIFÍCEIS _____ 50
Quais são os cuidados que um empreendedor deve tomar para entender bem um cliente?

COMANDO _____ 54
As mulheres estão aptas para vencer as batalhas nas organizações?

COMPETITIVIDADE _____ 62
Como uma empresa conquista sua vantagem competitiva?

DESENVOLVIMENTO _____ 68
Quais são os elementos para se ter um processo de pessoal robusto?

DIETA SAUDÁVEL _____ 71
Você sabe o que é uma dieta saudável?

EMPREENDEDORISMO 1 _____ 75
Que tipo de sistema de apoio precisa alguém que quer empreender?

EMPEENDEDORISMO 2 _____ 81
Como é possível um empreendedor criar valor para os clientes
baseando-se em apenas seis estratégias?

ESTRATÉGIA _____ 85
Quais são os 4Cs (ou 4Is) vitais que todos os estrategistas devem levar em conta?

ÊXITO _____ 88
Como proceder para dar um salto para o sucesso?

GESTOR DE TECNOLOGIA E INOVAÇÃO _____ 94
Qual é a função de um gestor de tecnologia e inovação?

GENIALIDADE _____ 97
Você quer se inspirar e adaptar para o seu estilo algo dos gênios?

IDÉIAS _____ 101
O que se pode aprender com as idéias de Bill Gates?

INTELIGÊNCIA _____ 108
O quociente de inteligência é importante?

JOGO DA CONTRIBUIÇÃO _____ 115
Contribuindo com novas letras.

LIDERANÇA _____ 122
Como se comportam os líderes?

LONGEVIDADE CORPORATIVA _____ 129
O que possibilita a longevidade corporativa?

LUCRATIVIDADE _____ 132
Quais são os mandamentos da lucratividade?

MANUFATURA DISTRIBUÍDA _____ 135
A manufatura distribuída é a oportunidade a ser aproveitada?

MARCAS DE AMOR _____ 140
Você entende de _lovemarks?_

MARKETING 1 _____ 145
Kotler responde às suas dúvidas?!?!

MARKETING 2 _____ 149
O _marketing_ e a tecnologia da informação (TI) estão convergindo?

MENTIRA _____ 151
A mentira é uma característica inevitável na comunicação entre os seres humanos.

MUDANÇA DE ESTRATÉGIA _____ 157
Revendo as estratégias.

REALIZAÇÃO _____ 163
Você consegue o que quer!!!

REPUTAÇÃO _____ 168
Como é possível construir uma reputação pessoal atraente?

RIQUEZA _____ 172
Como se deve alavancar a mente para se tornar rico rapidamente?

SONHO EUROPEU _____ 178
O sonho europeu, o que é isto?

SORTE _____ 183
Qual é o segredo de alguém que tem sorte?

TALENTO _____ 190
Qual é o recurso estratégico vital no século XXI?

TÉDIO _____ 195
Vencendo o tédio!!!

TIPOS DE APRENDIZAGEM _____ 199
Que tipos de aprendizagem existem?

VICIADOS EM TRABALHO _____ 203
Somos escravos do trabalho?

VIDA SAUDÁVEL _____ 209
Como proceder para ter uma vida saudável?

BIBLIOGRAFIA _____ 219

Administração do Tempo

"Infelizmente cheguei à conclusão de que transferi praticamente todo o meu tempo de lazer para os intermináveis e absurdamente longos *coffee-breaks*."

Neste 2º volume como se pensou no 1º volume – e como também será nos próximos, um dos objetivos é fazer com que o leitor desopile um pouco o seu fígado, além de adquirir algum novo conhecimento sobre uma extensa gama de temas, todos importantes para quem quer ser bem-sucedido e cumprir bem a sua missão aqui na Terra.

Uma das coisas mais importantes é viver bem humorado e com freqüência sorrir de forma natural e descontraída.

PORQUE RIR É BOM?

Há muitas explicações de porque rir é bom.

Entre elas que a risada libera endorfina, uma substância analgésica que também desacelera o coração e gera uma enorme sensação de bem-estar.

Quem ri bastante fica de bom-humor e aí o difícil fica mais fácil.

Não se pode esquecer que o contrário de bem-humorado pode ser "emburrado" que vem de burro ou "enfezado" que pode significar cheio de fezes (!?!?), pois afinal quem sofre de prisão de ventre dificilmente consegue sorrir.

Preciso explicar mais alguma coisa para aceitar que o negócio é rir?

Vamos ver se você está apto a sorrir bastante se lhe acontecesse o seguinte: foi encontrada uma calcinha perfumada (ou uma cueca de grife) em cima da sua mesa do trabalho, com o computador ligado com uma mensagem erótica piscando.

O que você faria?

Certamente uma idéia seria a de esclarecer o ocorrido através de um memorando (analógico e digital) com o seguinte texto:

De: Gestor ofendido

Para: Todos os colegas de trabalho

Surgiu praticamente do nada, na minha mesa de trabalho, uma calcinha de cor violeta.

Ao constatar que o artigo não me pertencia e acreditando que quem o colocou em cima da mesa, o fez com alguma intenção provocativa, desagregadora do trabalho em equipe, com respeito, resolvi procurar o nosso responsável pela gestão de emoções e recrutador de talentos – que ocupa o cargo de vice-presidente (VP) – não para que me aconselhasse, mas para que me explicasse o que deveria fazer com essa peça íntima incriminadora...

O VP prontificou-se imediatamente a me ajudar em algo criativo que levasse à proprietária da calcinha.

Entretanto o problema mostrou-se mais complicado do que parecia a primeira vista; devido às seguintes condições.

1ª Característica – A dona da calcinha poderia ter alguma dificuldade para explicar como é que uma peça do seu vestuário veio parar na minha sala.

2ª Característica – Uma pesquisa de flagrante, ou seja, verificação de todos as funcionárias para ver se a calcinha combinava com alguma que elas estavam usando, certamente, provocaria um grande constrangimento geral e tumulto desnecessários.

3ª Característica – O perigo de aparecer mais de uma pretensa usuária reclamando a posse da calcinha, quando seria difícil decidir quem seria a verdadeira dona.

4ª Característica – Seria possível fazer uma análise de laboratório (aliás nesse sentido poderia se pensar em descobrir o "DNA da calcinha") porém isto seria caro e a empresa não pode no momento envolver-se com gastos supérfluos.

5ª Característica – Não sendo identificada a legítima dona, aventou-se a possibilidade de vender a linda calcinha, como já se fez com calculadoras perdidas e outras jóias esquecidas na companhia. Aí, o problema seria determinar o valor de mercado de uma calcinha já usada, mas maravilhosamente perfumada.

Além disso, se estaria vendendo um bem que não consta dos ativos fixos da organização, o que obviamente é contra as melhores práticas contáveis e certamente geraria problemas no futuro com a auditoria e o imposto de renda.

6ª Característica – Pensou-se ainda que a calcinha poderia ser sobra de algum concurso de carnaval ou do mostruário de um vendedor esquecido.

Afinal, se damos (recebemos) freqüentemente camisetas e bonés, por que deveríamos nos preocupar e discriminar tanto uma pobre e simples calcinha?

Entretanto nada constava nos registros do nosso departamento de inteligência competitiva, sobre esse tipo de brinde criativo, embora o pessoal de *marketing* tenha achado a idéia de grande "exuberância irracional" apta para constar do projeto de uma futura campanha promocional para ser enviado junto com o catálogo dos nossos produtos.

Conclusão – Em vista de todas essas razões, tomou-se a decisão de deixar a calcinha pendurada num quadro de avisos, imaginando que a dona, ou alguém que aprecie a peça aparecesse para levá-la sem maiores explicações.

Assim, o problema "evaporaria" da mesma forma que surgiu, ou seja, de maneira invisível e ninguém mais falaria sobre o ocorrido...

E não é que dois dias depois a calcinha havia sumido, sem que fosse necessário fazer alguma divulgação especial ou tomar uma medida mais radical!!!

O melhor de tudo é que com esse evento conseguiu-se gerar um procedimento bem útil e prático.

Dali em diante sempre que surgia algum problema complicado, a recomendação era: "Pendura a 'calcinha' no quadro de avisos, que alguém logo se toca..."

O culto e bem-humorado especialista em conflitos humanos Max Gehringer, autor de livros e articulista das nossas mais importantes revistas, num artigo com o título *Rir é o Melhor Negócio*, publicado na revista *Você S. A.* (nº 53, novembro de 2002) escreveu: "É muito bom quando se pode solucionar problemas usando o bom humor.

Conheço inclusive vários casos reais em que empresas inteiras conseguiram sobreviver ou sair de dificuldades incríveis pois adotaram os procedimentos de solução de maneira divertida.

Na realidade, gente quer ser tratada como gente e não há desculpa aceitável para o mau humor.

Além da necessária sinceridade, não se pode esquecer o fato de que se pode dar uma notícia ruim de duas formas: ou criando um clima de ansiedade, ou amenizando-a e humanizando-a.

E a opção escolhida ajuda a definir o ambiente interno e reflete diretamente nos resultados.

No fundo, não existem funcionários mal-intencionados nas empresas, há apenas funcionários mal informados, que, por isso mesmo, criam suas próprias informações e às vezes acabam instaurando o caos (e o mau humor) no ambiente de trabalho.

Uma dica para quem quer adotar a filosofia do bom humor: **a regra para ser bem-humorado no trabalho é a capacidade de rir de si mesmo.**

Quem consegue se divertir com as próprias 'mancadas' não sofre com o escárnio alheio. Muito ao contrário, até se diverte com ele.

Portanto a sugestão é: conviver com gente mal-humorada não é fácil, mas, muito mais difícil é conviver com os falsos bem-humorados.

Esses, sim, são perigosos, porque usam o bom humor agressivamente, como instrumento de humilhação e opressão.

E é fácil identificá-los, porque eles querem tripudiar, mas não aceitam o troco. E mudam rapidamente de humor quando a própria piada se volta contra eles. Depois que a gente aprende a ignorar o falso bem-humorado, o resto é simples. Na vida corporativa, tudo tem um preço e nada vem de graça.

O que não quer dizer que tudo deva vir sem graça!!!"

E sem perda de tempo vamos a um assunto que alguns esquecem de praticar no século XXI: a agilidade. Porém, para isto ocorrer, um dos ingredientes é saber administrar o tempo.

VOCÊ SABE DEFINIR SUAS PRIORIDADES PARA NÃO DESPERDIÇAR SEU TEMPO?

Segundo Roger Merrill, um consultor de renome internacional, co-autor do livro *First Things First*, que já vendeu mais de 3 milhões de exemplares: "Na turbulência do século XXI estamos 'soterrados' com fatos tais como:

- a existência de uma evidente pressão constante para se realizar mais com orçamentos cada vez menores;
- o aparecimento de mais oportunidades que cada pessoa pode aproveitar;
- a inundação de *e-mails* que tomam um tempo incrível de cada indivíduo;
- a impressão de que cada pessoa está sempre em crise;
- a necessidade de fazer coisas demais, com todas parecendo ser importantes;
- a falta de equilíbrio entre a vida pessoal e a profissional;
- a constatação de que quanto mais se faz, mais coisas aparecem para ser feitas;
- o surgimento de um terrível cansaço, uma verdadeira exaustão, no final de quase todos os dias!?!?

Na verdade, como muitos de nós não conseguem saber o que é realmente importante, tudo acaba parecendo importante!!!

E quando tudo parece importante, achamos que temos de fazer tudo, o que é uma estratégia errada.

Infelizmente outras pessoas nos vêem fazendo tudo e passam a esperar que façamos tudo.

Para conseguir uma gestão de tempo eficaz é vital que cada pessoa aplique cinco princípios:

1º **Princípio – Proatividade** – significa que cada um deve diminuir seu círculo de preocupação – quando o foco é na reação –, aumentando seu círculo de influência, antecipando-se aos problemas.

2º **Princípio – Importância** – quando deve ficar bem claro o que é urgente e o que é importante, e conseqüentemente o que não é nem importante e nem urgente.

As organizações de alto desempenho são aquelas que gastam a maior parte do seu tempo no quadrante do não urgente e não importante, ou seja, agindo na **prevenção**, no planejamento, estabelecendo relacionamentos, privilegiando o *empowerment* (autonomia para os funcionários), desfrutando do descanso necessário, etc.

- **3º Princípio – Expectativa** – sabendo que ela pode ser **real**, ou melhor, fundamentada em algum princípio eterno ou universal, ou então **realista**, baseada naquilo que, em vista da nossa situação, podemos razoavelmente esperar atingir ou nos tornar.
  Assim, nunca devemos confundir a confiança de que acabaremos nos prevalecendo – confiança que jamais podemos nos permitir perder – com a disciplina para enfrentar os fatos mais brutais da nossa realidade atual, quaisquer que sejam.
- **4º Princípio – Otimização** – isto é, aplicando processos de trabalho de eficiência comprovada, os quais quando implementados com sabedoria nas circunstâncias em que nos encontramos, ajudam a maximizar o valor do tempo de cada pessoa.
- **5º Princípio – Inteligência da navegação** – que significa levar até o fim o que cada um, no começo de uma semana, decidiu ser importante fazer, ou então tendo a inteligência de fazer sem temor ajustes caso um desafio ou uma oportunidade inesperada seja realmente mais importante do que aquilo que alguém tenha planejado no início de um período curto de trabalho."

Realmente, é muito boa essa "receita" dada por Roger Merrill para que cada um administre melhor o seu tempo!!!

A ADMINISTRAÇÃO DO TEMPO E DA NATUREZA.

Aprendizagem bem-humorada

OS PROFESSORES DEVEM USAR HUMOR NA SALA DE AULA?

Certamente que sim!!!
Aliás, os professores da FAAP, Eliseu Lopes Filho e Luiz Alberto Machado, escreveram na revista *Qualimetria* um interessante texto sobre o assunto com o título *Humor na sala de aula*.
Dizem os dois professores: "Ficamos muitas vezes tão envolvidos com aquilo que estamos transmitindo que não nos damos conta de uma coisa absolutamente óbvia: **a capacidade de concentração do ser humano é limitada.**
O limite dessa concentração varia em função de uma série de fatores: o interesse pelo assunto, a forma com que o tema é apresentado, as condições do ambiente, a ocorrência simultânea de algum evento de grande apelo, etc.

Mas, independentemente desses fatores todos, o fato é que os professores parecem, muitas vezes, empolgados com o tema sobre o qual estão discorrendo, ou até mesmo com o seu próprio conhecimento a respeito do mesmo, que se esquecem das limitações de concentração. E quando isto acontece, pobre do aluno!!!

A exemplo do que ocorre em determinadas novelas, prevalece o que alguns especialistas em comunicação chamam de "efeito barriga", ou seja, o nível de audiência permanece em patamares reduzidos durante a maior parte do tempo, como pode ser visto na Figura 1. Só atingem níveis elevados os capítulos iniciais (mercê de incontáveis chamadas nos dias que antecedem a estréia) e, quando a novela pega, isto é, cai no gosto do público, também nos capítulos finais.

É verdade que essa característica era muito mais marcante nas novelas de antigamente, verdadeiros dramalhões, em que o enredo se desenvolvia em cima de uma única trama.

Hoje em dia, as novelas costumam conter um enredo composto de várias tramas paralelas, de tal forma que, freqüentemente, os expectadores se vêem atraídos pelo desfecho de uma dessas tramas, o que faz com que os níveis de audiência atinjam picos diversas vezes, neutralizando, pelo menos parcialmente, o "efeito barriga" (veja a Figura 2).

O mesmo ocorre com uma aula. Embora as estatísticas a respeito do assunto apresentem certa divergência, o fato é que os alunos jamais conseguirão manter o nível de atenção inalterado durante os 45 ou 50 minutos de uma aula; muito menos nos 90 ou 100 minutos das aulas dobradas... e menos ainda nos 125 minutos de um módulo!!!

O que ficará gravado será aquilo que for transmitido nos primeiros momentos, e se a aula for boa e o assunto for considerado interessante, também o que for transmitido nos momentos finais da aula. Evidentemente, essa perda de interesse ocorrerá se estivermos diante da velha e conhecida aula de "cuspe e giz", que é o método arrotativo-regurgitatório, se bem que agora, a partir de 2006, não existe isso mais na FAAP, onde as salas de aula todas têm as lousas interativas (as *smart boards*).

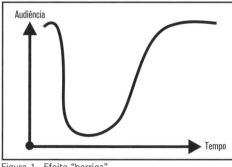
Figura 1 - Efeito "barriga".

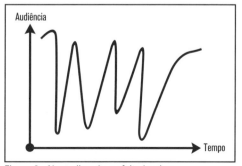
Figura 2 - Neutralizando o efeito barriga.

Portanto, o mínimo que se sugere aos professores é que procurem **quebrar sucessivamente a rotina das suas aulas**, alternando os métodos e os recursos pedagógicos, a fim de também reduzir o "efeito barriga".

Atualmente isso ocorre comumente na FAAP quando o mestre utiliza a lousa interativa *(smart board)* e diversos recursos da tecnologia da informação e comunicação (TIC), mostrando trechos de filmes, desenhos maravilhosos e apresentando os conceitos ilustrados, pois assim as imagens ficam melhor gravadas na mente dos aprendizes.

Além disso, deve-se sempre usar o humor, porque isto faz com que o conhecimento transmitido fique associado a algo que é engraçado, tornando-se inesquecível...

Afinal, como observou com grande propriedade Bob Pike, um dos grandes especialistas em ensino e aprendizagem acelerada, "a aprendizagem é diretamente proporcional à quantidade de alegria ou divertimento que você sente".

Isso não quer dizer que o professor precisa se transformar num artista, num palhaço ou num comediante. Nem que o professor tem que se violentar, assumindo um tipo de postura que contraria sua própria personalidade. Quer dizer apenas que o professor deve ter um elenco de recursos capazes de transformar o ambiente, muitas vezes sério e até hostil da sala de aula, num ambiente mais agradável e arejado, no qual qualquer um de nós costuma obter melhor desempenho naquilo que faz.

Para tanto, basta ter um pouco de atenção, uma vez que reunir esses recursos é algo que pode ser feito no dia-a-dia de cada um de nós, sem necessidade de alteração acentuada da nossa rotina. Seja qual for o assunto da sua disciplina, um tema quente como regimes políticos ou sistemas econômicos comparados, ou uma aparentemente fria aula de computação e informática, seguramente você encontrará histórias, frases, piadas, anedotas, músicas, filmes, comerciais ou seja lá o que for, que poderão se constituir em importantes recursos auxiliares para o aprimoramento de suas aulas. **Os alunos agradecem!!!**

A idéia, aqui, não é transformar o professor em um *stand up comedy*, mas despertá-lo para a importância de um recurso pedagógico que é tão característico de nós brasileiros, que muitas vezes o esquecemos: **o bom humor**. O brasileiro, apesar de tudo, ainda é um povo bem-humorado.

Se fizermos as contas, os semestres no ensino universitário têm, em média, 19 semanas de aula; tiramos a última, que é pura reclamação e choradeira, mais os dias das 3 provas, já que estes são dias de cara feia e não adianta fazer piada porque ninguém vai rir mesmo; restam-nos 15 semanas e, portanto, só precisamos achar 15 piadinhas (o melhor seria umas 25, para você ir variando pelos semestres); afinal, a principal característica do humor é a surpresa, o que significa que o riso vem da inversão drástica da expectativa da platéia, daí a necessidade de se ter algumas cartas na manga.

Veja se o que se apresenta nas Tabelas 1 e 2 já não lhe serve para compor o seu 'arsenal' de coisas engraçadas...

Tabela 1

AS DUAS VACAS.
Análise dos regimes políticos
e dos sistemas econômicos.

Socialismo.
Você tem duas vacas, o governo toma uma e dá para o vizinho.
Comunismo.
Você tem duas vacas, o governo toma as duas e dá a você um pouco de leite.
Fascismo.
Você tem duas vacas, o governo toma as duas e vende a você o leite.
Nazismo.
Você tem duas vacas, o governo mata você e toma as duas vacas.
Burocracia.
Você tem duas vacas, o governo mata uma, toma a outra e joga o leite dela fora.
Democracia.
Você tem duas vacas, vende as duas para o governo, muda para a cidade e consegue um emprego público.
Anarquismo.
Você tem duas vacas, mata as duas e faz um churrasco.
Capitalismo.
Você tem duas vacas, vende uma, compra um touro e o governo toma os seus bezerros como imposto de renda na fonte.

Tabela 2

Curso de computação.

Se no seu tempo **comandos de teclado** eram mecanismos internos do piano, **monitor** era guia de excursão, **programas** eram folhetos que traziam o descritivo dos espetáculos, **arquitetura** era a arte de dispor elementos de um edifício ou espaço urbano, **resolução** era o mesmo que decisão, **rodar** era ficar dando voltas de carro, **dispositivo de armazenamento** era o que a gente chama de despensa, **analista** era o seu psicólogo, **disco rígido** era LP e **disco flexível** era um daqueles compactos de plástico, **fonte** era nascente de água, **utilitários** eram veículos de transportar mercadorias e *drive* era aquele lugar escurinho onde você ia para namorar, saiba que tudo isso ficou na **memória** (que antigamente era a reunião das nossas lembranças).

Fonte: Revista *Veja*.

Como o humor brota da surpresa ou do contraste, para Mendes Fradique é impossível fazer humor no Brasil, porque a realidade supera a piada. Os exemplos são inúmeros. E provêm das mais variadas fontes. De esportistas a intelectuais; de profissionais liberais a políticos... Parece que todos têm alguma contribuição, como por exemplo:

- O jogador de futebol Julinho, do Internacional, vendido para um time do Pará, dizendo que estava muito feliz em ir jogar na cidade onde nasceu Nosso Senhor Jesus Cristo.
- O desabamento por erro técnico do prédio do Clube de Engenharia.
- A motoniveladora enterrada no meio do estádio da Portuguesa de Desportos de São Paulo.
- O atacante Terto do São Paulo, respondendo ao repórter depois do jogo: 'Como foi a jogada? – Fiz que fui, não fui, acabei fondo.'

Consultando o dicionário, encontramos as seguintes definições:
Humor – capacidade de perceber, apreciar ou expressar o que é cômico.
Cômico – que faz rir por ser engraçado.
Rir – contrair os músculos da face em conseqüência de impressão alegre, causar riso.
Riso – alegria, contentamento, satisfação.
Compondo as definições recém-mencionadas, temos:
Humor é a capacidade de perceber, apreciar ou expressar o que é **cômico**.
Substituindo **cômico**, ficamos com:
Humor é a capacidade de perceber, apreciar ou expressar o que é **que faz rir por ser engraçado**.
Substituindo **rir**, ficamos com:
Humor é a capacidade de perceber, apreciar ou expressar o que é que faz **contrair os músculos** da face em conseqüência de **impressão alegre**, **causar riso** por ser engraçado.
Por fim, substituindo **riso**, ficamos com:
Humor é a capacidade de perceber, apreciar ou expressar o que faz contrair os músculos da face em conseqüência de impressão alegre, causar **alegria**, **contentamento**, **satisfação** por ser engraçado ou divertido.

E esta cadeia de acontecimentos não é apenas alcançada com uma piada ou anedota; pode ser uma expressão, uma associação, um trocadilho, um caso, uma ação, ou até uma expressão facial ou corporal.

Piada é um dito engraçado e espirituoso.
Anedota é um relato sucinto de um fato jocoso ou curioso.
O prof. Elias Saliba, no livro *Raízes do Riso*, menciona a seguinte piada:

> "Um francês, um inglês e um alemão foram encarregados de um estudo sobre o camelo.
>
> O francês foi ao jardim botânico, lá ficou uma meia hora, interrogou o guarda, jogou pão ao camelo, atiçou-o com a ponta de seu guarda-chuva e, voltando para casa, escreveu para seu jornal um folhetim cheio de observações picantes e espirituosas.
>
> O inglês, levando suas provisões e um confortável material de acampamento, instalou sua tenda nos países do Oriente e trouxe, depois de uma estada de dois ou três anos, um grosso volume repleto de fatos, sem ordem nem conclusão, mas de um real valor documental.
>
> Quanto ao alemão, cheio de desprezo pela frivolidade do francês e pela falta de idéias gerais do inglês, trancou-se no seu quarto para redigir uma obra em vários volumes intitulada: **A idéia do camelo deduzida da concepção do eu.**"

Como toda anedota sem autoria, não se sabe muito bem quando esta foi criada, embora tenha sido publicada na revista semanal francesa *Le Pèlerin*, em 1º de setembro de 1929. Com ela, Elias Saliba exemplifica alguns procedimentos utilizados para produzir o efeito cômico:

1. **Concisão** – o francês intuitivo e dedutivo, o inglês naturalista, o alemão ensimesmado e abstrato.
2. **Antítese** – contrastes entre os personagens e o camelo, causando estranheza e gerando significados inusitados.
3. **Estereótipo** – consiste em buscar características marcantes e expô-las de forma exagerada.

A eficiência de uma piada exige um acordo tácito – entre quem conta e quem escuta – de possuir um conhecimento mínimo necessário para o entendimento e reconhecimento dos três elementos: síntese, antítese e estereótipo.

Não adianta contar uma piada sobre um assunto totalmente desconhecido pela audiência. Porque o riso vem da imediata compreensão dos estereótipos.

O humor brota exatamente do contraste, da estranheza e da criação de novos significados. No nosso caso, o contraste entre os três e o camelo.

Ou seja, não teria graça nenhuma acrescentar um árabe porque, para ele, um camelo não causaria nenhuma estranheza, não gerando nenhum significado diferente, exceto se ele participasse com um desfecho inesperado.

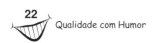

Como acrescentaríamos um brasileiro a esta piada?

Elias Saliba sugere: "O brasileiro vai para a praia, fala para todo mundo que está escrevendo sobre camelos e acaba, depois de muita cerveja, compondo um samba-enredo chamado: *Eu não sou camelo não.*"

Antes de seguirmos em frente, vale a seguinte observação: embora o riso seja alegria, existe o riso negativo, que é obtido quando se ri de alguém, ridicularizando uma pessoa. A piada ou a expressão engraçada feita pelo professor na classe busca o riso como recurso pedagógico. Embora as pessoas estivessem rindo do que disse o professor, este é o riso construtivo e positivo.

Porém não são só as piadas que podem levar ao **riso**. Ele também pode ser obtido com uma história, um acontecimento absurdo, uma nova forma de falar alguma coisa, uma sátira, uma expressão corporal, enfim, algo que consiga surpreender o público.

O prof. Silvio Passarelli, diretor da Faculdade de Artes Plásticas da FAAP, um dos poucos acadêmicos que fazem um estudo sistemático sobre o assunto – tema, inclusive, de sua dissertação para o mestrado em Criatividade Aplicada Total, realizado na Universidade de Santiago de Compostela –, costuma utilizar nas inúmeras palestras que profere sobre o tema, a seguinte citação de autoria de Margie Brown: "O humor acontece quando dois mundos colidem. Algo inesperado tem de acontecer que vai sacudi-lo do padrão normal e então você começa a rir. O humor é a sinopse entre o habitual e o surpreendente. Cada vez que nós rimos estamos dando um salto entre dois mundos."

Como exemplo disso, experimente trocar o título do filme *Branca de Neve e os sete anões* para *A euro-caucasiana e os sete prejudicados verticalmente*. Você estará falando a mesma coisa, e o que é melhor: sendo politicamente correto.

Evidentemente, ser politicamente correto não é condição *sine qua non* para o humor. Ao contrário, muitas vezes o humor deixa de atingir seu objetivo exatamente pela preocupação de algumas pessoas de quererem ser sempre politicamente corretas!!!

A Internet é, sem dúvida nenhuma, uma fonte de informações bastante discutível. Escreve-se sobre tudo na rede, sem o menor pudor ou preocupação, mas para se achar abobrinhas é fenomenal, é imbatível: você acha piada e bobagem sobre qualquer assunto!!! Então, é só procurar.

Todos os comediantes (e estes são suspeitos, porque estão legislando em causa própria), além de atores, diretores, roteiristas, etc., são unânimes em afirmar que a comédia é muito mais difícil que o drama. Fazer rir é mais difícil do que fazer chorar. É que o humor exige um tempo específico, um *timing* exato para o desenvolvimento de uma piada.

Contar uma piada no tempo errado, trocar sua ordem ou, o que é pior, não lembrar dela direito é desastroso, inaceitável, mortal, vexatório, merecedor de vaia. É melhor não contar a passar esta vergonha.

Ao mesmo tempo, se uma piada não surte o efeito desejado, é preciso estar preparado, e até mesmo desenvolver uma saída para estes casos. Se bem que, na maior parte das vezes, uma piada sem graça acaba tendo graça apenas pelo fato em si.

Jô Soares desenvolveu uma saída bastante inteligente para estes casos (e notem que isto acontece também com os profissionais de sucesso): ele tenta explicar sem explicar nada, ou até mesmo admite que a piada não tinha graça nenhuma.

Isto não significa que a mesma piada será sem graça em outra situação ou diante de outra platéia.

O que não dá é para ficar desconcertado: tem que tocar para a frente, como se nada disso fosse imprevisível.

A piada deve ser sempre sobre você ou um amigo indeterminado, a quem você atribui uma característica engraçada ou um acontecimento inusitado, nunca sobre os ouvintes. Isto vale para nós, professores, que temos uma relação diferente com uma platéia/público também diferente.

É sempre bom evitar atribuir a alguém – presente ou ausente, mas parte do grupo – uma característica pejorativa, como deficiente capilar, quatro olhos, nanico, gordo, etc., ainda que, como sabemos, às vezes escape.

Vale a pena também escolher uma forma carinhosa e ao mesmo tempo engraçada de chamar os alunos, como, por exemplo, um apelido genérico que sirva a todos. Mas, cuidado: é sempre bom estar preparado para ser conhecido e chamado por este apelido, o que cria uma relação afetiva de cumplicidade.

Quando for preciso chamar alguém, e se você for péssimo para nomes, dirija-se aos homens como "cavalheiro", uma expressão em bastante desuso, o que a torna respeitosa e engraçada ao mesmo tempo; e, para as moças, "broto", outra expressão em total desuso que sempre gera o comentário: "Nossa, há quanto tempo eu não escuto isso; meu pai e meu avô falavam assim."

A grande questão é: qual o **limite do humor?** Como tudo, tem um limite. Somos nós que encontramos este limite, com a prática que vamos adquirindo. Não devemos também esquecer que cada grupo é único. Cada turma tem particularidades que acabam se tornando coletivas. Não é possível que haja uma classe só de mal-humorados, mas isto acontece: os bem-humorados, quando estão em companhia deste grupo, tornam-se também mal-humorados, e este limite é estabelecido rapidamente. Uma classe que dá muita risada e entra positivamente na brincadeira pode levar este limite mais longe; uma classe que não ri, não participa, deixa este limite muito curto.

Isso não é, ou não deveria ser novidade, por exemplo, para nenhum dos professores da FAAP. Da mesma forma que uma turma reage de modo diferente a uma mesma aula, cada turma reagirá diferentemente a uma mesma piada.

Seja lá como for, o sorriso alivia. Experimente e aí certamente compreenderá que o humor é o caos emocional relembrado com tranqüilidade!!!"

Atitude

O CÍRCULO DO RESPEITO DENTRO
DA INTRICADA "RODA" GOVERNAMENTAL.

É assim que trabalha o sistema.

IDOSO SIM, VELHO JAMAIS!!!

Toda pessoa deveria saber que **idoso** não é sinônimo de **velho**.
E aí vão alguns motivos e as justificativas desse lamentável equívoco.

Idoso é aquele que tem muita idade, e **velho** é quem perdeu a jovialidade.

Em outras palavras, a idade causa degeneração das células e a velhice a do espírito.

É por isso que podem existir velhos de todas as idades!!!
Muitas portanto são as diferenças!!!

Você é **idoso** quando se pergunta se vale a pena; **velho** quando, sem pensar, diz que não.

Idoso quando sonha; **velho** quando dorme.

Idoso quando ainda aprende; **velho** quando já nem ensina.

Idoso quando se exercita; **velho** quando apenas descansa.

Você é **idoso** quando o seu calendário tem "amanhãs"; **velho** quando seu calendário só tem "ontens".

Idoso e **velho** podem ter a mesma idade registrada em cartório, mas nunca o mesmo estado de espírito.

O **idoso** se renova a cada dia; o **velho** se acaba a cada noite.

O **idoso** tem olhos no horizonte, de onde o Sol desponta e ilumina a esperança; o **velho** tem sua miopia voltada para as sombras do passado.

O **idoso** tem planos, uma vida cheia de projetos; o **velho**, ao contrário, tem saudades, sofre, o que o aproxima da morte.

As rugas do **idoso** são bonitas, pois foram marcadas pelo sorriso; as do **velho** são feias, pois são frutos da amargura, do não saber envelhecer.

Lembre-se: olhe para dentro de si e perceba que todos somos únicos e especiais.

Por isso, valorize-se, mude hoje mesmo sua rotina.

Faça novos amigos, volte a sorrir, divirta-se.

Encontre assim a fonte de vida eterna!!!

Adote uma nova atitude.

Aí vão algumas "interpretações" sobre as pessoas que não são mais jovens...

Bob Hope, um famoso comediante:

1. *"Você sabe que está ficando velho quando tudo dói e o que não dói não funciona."*

2. "Você sabe que está ficando velho quando as velas do seu bolo de aniversário custam mais caro do que o bolo."

3. "Meia-idade é quando o único peso que você consegue levantar é o seu."

Mickey Mansfield:

"Infância é a época da vida em que fazemos caretas para o espelho. Meia-idade é a época da vida em que o espelho se vinga..."

Nelson A. Rockefeller:

"Há três períodos na vida: juventude, meia-idade, e 'você está com uma aparência esplêndida' quando realmente no lugar de pentear os cabelos você começa a 'arrumar' os que sobraram."

Red Skelton:
"Há três sinais de velhice: perda de memória...e me esqueci quais são os outros dois."

Mike Knowles:
"Meia-idade é... quando você precisa descansar depois de tentar amarrar os sapatos."

Pam Brown:
"A gente chega à meia-idade quando fazer amor nos transforma em um animal selvagem – uma preguiça."

Maurice Chevalier:
"A velhice não é assim tão ruim, considerada a alternativa."

Anônimo:
"É duro ter saudades quando não conseguimos nos lembrar de nada."

Apesar de todas essas mensagens um tanto quanto sarcásticas, se bem que para alguns são realistas, sobre o "amadurecimento" humano, o que pé vital para ter sucesso na vida profissional é a **atitude correta**!!!

ATITUDES POSITIVAS E NEGATIVAS NO AMBIENTE PROFISSIONAL.

A forma pela qual as pessoas interpretam sua personalidade é a chave pela qual se relacionam com você. Não é tanto aquilo que você acha que é, mas sim aquilo que você **transmite**.

A **atitude** é tão vital que ela pode transcender as características físicas e mentais existentes numa personalidade. Uma atitude positiva é tão poderosa que pode realçar traços de personalidade. Por outro lado, um atitude negativa pode minimizar ou esconder o que poderia, de outro modo, ser uma característica positiva.

Elwood N. Chapman, no seu livro *Atitude – O Mas Valioso de Todos os seus Bens*, diz que são as seguintes as principais vantagens de uma **atitude positiva:**

1. **Gera entusiasmo.** Para se ter qualidade de serviço efetivamente o entusiasmo é necessário.
2. **Estimula a criatividade.** Para encantar o cliente é necessário oferecer-lhe serviços cheios de imaginação...

3. **Provoca o bom humor, que pode fazer com que as coisas boas aconteçam.** O atendente, ao adotar uma perspectiva alegre, mas respeitosa no seu trabalho, com certeza tem mais facilidade de agradar ao cliente.

Em nenhum lugar uma atitude positiva é tão apreciada quanto no trabalho, pois é nele que tanto as atitudes positivas quanto as negativas propagam-se com rapidez.

Elwood N. Chapman salienta: "Honestamente, acredito que a atitude é o mais inestimável dos bens de uma pessoa, principalmente se ela trabalha como prestadora de serviços."

Quem tem atitude positiva efetivamente tem meio caminho andado para prestar um serviço excelente."

VOCÊ CONTROLA A SUA ATITUDE?

Há quem diga que **a vida é feita de 1% de inspiração, 99% de transpiração e 100% de atitude!!!**

De fato, quem concorda com isso é Justin Herald, autor do livro *Atitude!* e proprietário da empresa Attitude.

Diz Justin Herald: "É a atitude que você adota hoje que vai definir a posição que sua vida alcançará amanhã.

Na realidade, atitude é a palavra de ordem neste início do século XXI.

Atitude tem tudo a ver com a posição ou direção das ações, sentimentos ou inclinações de uma pessoa.

Logo, se você adota uma abordagem negativa em relação à vida, e como conseqüência evidencia sentimentos e inclinações negativas, obviamente o efeito será desastroso.

Já se o seu enfoque em relação à vida é entusiasmado e positivo, demonstrando sempre sentimentos construtivos, desenvolvendo novas idéias e exibindo muito otimismo, então, sem dúvida, o **efeito será positivo!!!**

E o incrível é que a atitude é algo que você pode controlar!!!

É óbvio que isto exige que a pessoa tenha a capacidade de mudar.

E ninguém deve ter medo de mudanças, pois na maioria das vezes elas representam a **libertação!!!**

Todos enfrentam problemas na vida, e para superá-los é preciso ter uma atitude bem simples, isto é, **procurar enfrentá-los!!!**

Não há sentido algum em desviar e caminhar em outra direção, pois mais cedo ou mais tarde outro obstáculo surgirá, e desta vez, provavelmente você se encontre muito mais longe de suas metas e de seus sonhos...

É a sua atitude, e apenas ela que o fará solucionar os problemas e desafios, ou então fugir deles!!!

Portanto, ninguém deve permitir que um fracasso o atrapalhe na consecução dos seus objetivos.

Um fato muito importante que muitas pessoas não percebem ao tentar concretizar sonhos ou atingir objetivos é que apenas elas são responsáveis pelo resultado final.

Ninguém mais pode ser culpado pelo que acontece na sua vida...

É verdade que muitos empecilhos podem cruzar seu caminho à medida que você prossegue na direção de suas metas e objetivos; entretanto, no final você é o único que pode modificar a direção e sobrepujar todas as barreiras e obstáculos.

É você que tem de erguer o traseiro da cadeira e transformar seus sonhos em realidade, persistindo e não desistindo ante insucessos passageiros.

Um exemplo extremamente instrutivo é o de Abraham Lincoln, que sonhou ser presidente dos Estados Unidos da América (EUA) e conseguiu, porém isto não foi fácil...

Abraham Lincoln nasceu em 1809, numa região remota de Kentucky.

Antes de se tornar advogado trabalhou como balseiro, carteiro, almoxarife, fiscal e lenhador.

Ele é um caso típico de alguém que teve a coragem de fazer as coisas acontecerem.

Ele falhou muitas vezes, como se indica nos eventos abaixo:

➡ Em 1831 falhou nos negócios.

➡ Em 1832 foi derrotado nas eleições estaduais em Illinois.

➡ Em 1833 falhou novamente nos negócios.

➡ Em 1836 teve um esgotamento nervoso.

➡ Em 1838 foi derrotado como orador da Câmara Estadual em Illinois.

➡ Em 1843 foi derrotado para conseguir nomeação no Congresso.

➡ Em 1848 perdeu a reeleição para o Congresso.

➡ Em 1849 não conseguiu ser nomeado comissário do Serviço Geral Fundiário.

➡ Em 1854 foi derrotado para o Senado norte-americano.

➡ Em 1856 foi derrotado na nomeação para vice-presidente dos EUA.

➡ Em 1858 foi derrotado novamente para o Senado.

Claro que no meio de tantas frustrações ele teve alguns sucessos, como em 1834, quando foi eleito para a Câmara Estadual de Illinois, e em 1846, quando foi eleito para o Congresso, e certamente isso ajudou-o a tomar a atitude de nunca desistir até realizar o seu sonho, o que acabou acontecendo em 1860, quando foi eleito presidente dos EUA!!!

Abraham Lincoln foi o 16º presidente dos EUA, e após tanto tempo figura hoje como um dos melhores e mais respeitados presidentes de toda a história do país.

Ele fez seu sonho acontecer depois de muitos anos de desgostos e contratempos, mas com firme determinação e concentração, com uma atitude de persistência ele alcançou seu objetivo principal.

Aliás, um dia antes de chegar a ser presidente ele declarou: **"Ficar como estou é impossível, preciso morrer ou melhorar!!!"**

Bem, se você deseja que seus sonhos se tornem realidade, como ocorreu com Abraham Lincoln, deve assumir uma postura de não temer nenhum tipo de obstáculo.

Não permita, pois, que emoções e pensamentos negativos controlem o rumo que pretende tomar.

Determine-se a executar todas as ações que sejam importantes para alcançar seus objetivos.

Faça as coisas acontecerem, não esquecendo nunca que o segredo do sucesso está em não perder jamais a emoção ou o impulso ao longo do caminho que leva à concretização de seus sonhos.

Entretanto, nesta era do café instantâneo, das comidas congeladas, das lanchonetes de *fast-food* e das informações rapidamente obtidas na Internet, as pessoas acostumaram-se a ter tudo muito depressa.

Porém, no século XXI a impaciência pode também não levar a lugar nenhum.

É bom querer atingir o objetivo o mais rapidamente possível, mas não se deve confundir velocidade com afobação e pressa.

Deve-se planejar bem todos os procedimentos que permitam que as coisas aconteçam, e provavelmente isto levará um certo tempo até se alcançar o resultado almejado.

É preciso inclusive compreender e aceitar que em muitos casos a jornada pode ser longa e demorada.

E tudo o que acontece depressa demais não é tão valorizado como algo que demanda tempo e esforço!?!?

Lembre-se, praticamente todos os que você admira pelo seu sucesso chegaram a ele após trabalho duro e muita persistência.

As pessoas que se queixam sempre que você não tem algo além de "sorte" são as que nunca fizeram nada significativo para melhorar a própria vida, ou que estão esperando que outras pessoas as "guiem" pela vida.

O pior é que quando alguém lhes estende a mão ou oferece um bom conselho, agem como se tivessem feito tudo sozinhas e não demonstram gratidão!?!?

Para esses indivíduos não importa o que você falar, eles sempre acharão que o seu sucesso ou o de outras pessoas veio de um "golpe de sorte".

O essencial é que você não se deixe influenciar e nem intimidar pelo seu "nível de negatividade".

A atividade correta é a de não dar ouvidos às pessoas que não acreditam que o sucesso só é atingível com muito esforço e trabalho.

Por outro lado, concretizar os próprios sonhos, alcançar seus objetivos sempre será o resultado direto das escolhas que forem feitas ao longo do caminho que conduz a eles.

Para fazer as coisas acontecerem em sua vida é **preciso acertar nas escolhas o máximo possível!!!**

Claro que você vai errar algumas vezes, mas pelo menos estará tentando e aprendendo com os próprios erros!!!

Você terá de fazer opções o tempo todo.

É vital você compreender e aceitar que algumas vezes vai fazer escolhas inadequadas, mas isto não deve desanimá-lo.

O fundamental é simplesmente ir em frente. Esta é a atitude correta.

Um outro princípio básico para fazer as coisas acontecerem em nossas vidas é **executar o inesperado**!!!

Realmente, são as coisas que você faz e que ultrapassam o que os demais esperam (e até você próprio) que acabarão sendo um fator determinante em seu sucesso.

Criamos expectativas nas pessoas que nos cercam e até para nós mesmos.

É imprescindível elevar essas expectativas em sua mente, pois enquanto você agir de acordo com expectativas preestabelecidas estará sendo previsível.

Comece então a estabelecer diariamente novas expectativas para si próprio, e se depois de alguns meses (ou anos) não estiver perto dos seus sonhos e objetivos questione-se, pois seguramente estava agindo de acordo com expectativas muito baixas.

Em outras palavras, **não estava pensando grande!!!**

O fato incontestе é que se você fizer o que acha que é esperado acabará não alcançando seus objetivos.

A idéia de sempre fazer o inesperado é o instrumento (ou meio) que o fará progredir no seu emprego ou no próprio negócio.

Lamentavelmente os profissionais liberais, os empreendedores, ou ainda os empresários que não perceberam esse fato acabam em certo momento ficando bem desgostosos com o caminho escolhido e os resultados obtidos.

Portanto, depende de você fazer seus sonhos e objetivos se tornarem realidade.

Nesse sentido, não procure apenas copiar outras pessoas, pois a vida e o rumo que decidiram seguir são apenas delas!!!

Inspirar-se nelas vale a pena, mas é você quem deve decidir o que irá fazer para realizar seus objetivos e seus sonhos.

Como se pode concluir, no final é tudo uma **questão da atitude que você adotar!**

O que importa não é saber que você foi derrubado ou caiu diversas vezes, mas constatar que sempre conseguiu levantar-se sem a ajuda de ninguém...

REFLEXÕES DE UM GURU DO ÓCIO

→ Com tantas coisas maravilhosas para fazer, uma pessoa que só pensa em trabalhar duro, tem de estar louca!!!

→ Faça menos do que pode e arrume alguém para fazer o que precisa ser feito.

→ Aos ocupados não sobra tempo para a introspecção, o convívio, a amizade, o jogo, o amor e a aventura.

Em vista disso, não é bom você mudar suas atividades e o seu comportamento?

Não passe a vida como o Zé Tadeu!

Capital Intelectual 1

PERGUNTAS CRIATIVAS E RESPOSTAS HUMORÍSTICAS RELATIVAMENTE SÁBIAS...

1. **Quem é que se alimenta pelos pés?**
   Resposta: A árvore.
2. **Por que os vampiros não são benvindos nos bancos de sangue?**
   Resposta: Porque sempre querem retirar e nunca fazem depósitos...
3. **Por que as bolas de golfe são pequenas e brancas?**
   Resposta: Porque se fossem grandes e cinza, poderiam ser confundidas com um elefante!?!?
4. **Em que momento se colocam as luvas nos boxeadores?**
   Resposta: Quando começam a sentir frio.
5. **A que classe de tolos ou idiotas você pertence?**
   Resposta: Não sei. Existem diversas classes? Acredito que sou daqueles que na falta de inteligência a compensam com atitudes estúpidas!!! Parece que sou um prova viva de que a sabedoria nem sempre chega com a velhice...
6. **Você acredita que é um bobo?**
   Resposta: Não, mas no que isso vale diante da opinião de tantas outras pessoas.
7. **Dizem que existem mais de 100 maneiras para ganhar dinheiro, porém apenas uma para fazê-lo honestamente. Qual é esta forma?**
   Resposta: Eu sabia que você não sabia disto...
8. **Como o Homem Invisível chama os seus tios?**
   Resposta: Os transparentes!!!
9. **Por que um cavalo conta piadas para uma égua?**
   Resposta: Para não deixá-la uma burra...
10. **O que se conseguirá ao cortar um bruxo ao meio?**
    Resposta: Um *medium*.

POR QUE O CAPITAL INTELECTUAL É TÃO IMPORTANTE NO SÉCULO XXI?

Quem provavelmente mais entenda da importância do capital intelectual (CI) talvez seja Thomas Stewart.

Ele é autor do *best-seller Capital Intelectual: a Nova Vantagem das Organizações*, publicado em 17 idiomas.

Sua obra mais recente denomina-se: *A Riqueza do Conhecimento: o Capital Intelectual e a Organização do Século XXI*.

Thomas Stewart ficou internacionalmente conhecido como idealizador do conceito de **capital intelectual (CI)**, isto é, uma nova maneira de conceber e administrar produtos, processos e pessoas para tirar o máximo proveito de cada um.

Thomas Stewart diz: "O capital intelectual (CI) constitui a **matéria intelectual** – conhecimento, informação, propriedade intelectual, experiência – que pode ser utilizada para gerar riqueza.

É a capacidade mental coletiva.

É difícil identificá-lo e mais difícil ainda distribuí-lo de forma eficaz.

Porém, uma vez que o descobrimos e exploramos, somos vitoriosos.

A economia de hoje é fundamentalmente diversa de três ou duas décadas atrás.

Muitos dos que têm hoje 40 ou 50 anos cresceram ainda na era industrial, mas agora estamos na era da informação.

Estamos deixando cada vez mais para trás um mundo econômico cujas principais fontes de riqueza eram físicas.

O que comprávamos e vendíamos eram realmente coisas, podíamos tocá-las, cheirá-las, chutá-las, bater suas portas ou ouvir um som agradável.

A **terra**, recursos naturais como petróleo, trigo, soja, minério, energia, etc., e o **trabalho humano** e **mecânico** eram os ingredientes a partir dos quais se gerava riqueza.

As organizações de negócios dessa era foram planejadas para atrair capital – **capital financeiro** – a fim de desenvolver e gerenciar essas fontes de riqueza, e elas o fizeram muito bem.

Porém, nesta nova era a riqueza é produto do conhecimento. O conhecimento e a informação, não somente o conhecimento científico, porém a notícia, a opinião, a diversão, a comunicação e o serviço, tornaram-se as matérias-primas básicas e os produtos mais importantes da economia.

Compramos e vendemos conhecimento, não se pode cheirá-lo ou tocá-lo.

Hoje, os ativos essenciais necessários à criação da riqueza não são a terra nem o trabalho físico, tampouco as ferramentas mecânicas e fábricas: ao contrário, são os ativos baseados no conhecimento.

Agora, as empresas precisam aprender a gerenciar o conhecimento.

Então o que há de novo?

Simplesmente o fato de que a gerência de ativos intelectuais está se tornando a tarefa mais importante de todos os negócios, isto porque o conhecimento transformou-se no fator mais importante da produção."

O poder da força muscular, o poder das máquinas, e até o poder da eletricidade estão sendo cientificamente substituídos pelo poder do cérebro.

Peter Drucker, que faleceu no final de 2005, afirmava que a quantidade de trabalho requerida para produzir uma unidade adicional de produção industrial vem caindo 1% ao ano desde 1900, à medida que as máquinas realizam cada vez mais trabalhos antes executados pela força muscular.

Após a 2ª Guerra Mundial, a quantidade de matéria-prima necessária a cada aumento do produto interno bruto (PIB) da indústria começou a cair quase na mesma proporção.

Alguns anos mais tarde – por volta de 1950 –, a quantidade de energia essencial aos fabricantes começou a declinar, novamente 1% ao ano, para qualquer unidade de produção adicional.

A inteligência tomou o lugar da matéria e da energia!!!

De acordo com Peter Drucker, desde a virada do século o número de trabalhadores instruídos nas folhas de pagamento das empresas aumentou na mesma taxa anual de 1%.

Por sua vez, narra Thomas Stewart: "Eu ouvi pela primeira vez o termo '**capital intelectual**' de um fabricante de salsichas chamado Ralph Stayer, o principal executivo de uma empresa de Wisconsin chamada Johnsonville Foods.

Em meados de 1990, tivemos uma conversa bem **abrangente** sobre o que é riqueza, e Ralph Stayer me disse que já se foi a época em que recursos naturais – terra, minerais, pescados – eram a fonte mais importante da riqueza nacional e o ativo mais importante das empresas.

Depois o capital – dinheiro, bens de capital como máquinas e fábricas – assumiu a supremacia. Hoje, isso tudo abre espaço para a capacidade mental, para o '**capital intelectual**'.

O interessante é que todos concordamos que os contadores não estão levando em consideração esse ativo supremo da mesma forma que o fazem com a terra e o capital financeiro.

Depois dessa conversa fiquei muito intrigado, ou melhor, 'fisgado'.

Minha primeira análise e exploração do CI foi um breve artigo que publiquei em 1991.

Charlie Burck, que editou o artigo, sugeriu-me que fizesse uma história maior, que se transformou em *Brain power* (poder do cérebro).

Escrevi um segundo artigo, que abrangia os ativos em termos de conhecimento, em outubro de 1994, com o título *Intellectual Capital*, que gerou muitos quilos de correspondência.

Todos os dias chegavam novas cartas, novas ligações e novas perguntas dos principais executivos, gerentes e consultores, do tipo:

➡ O que você sabe sobre a gestão do conhecimento?

➡ Como posso obter mais informações?

➡ Quem está fazendo algum trabalho interessante sobre o capital intelectual?

➡ Você tem alguma estimativa consistente sobre o retorno do investimento em ativos em termos de conhecimento?
Etc.

Alguns anos mais tarde, um sueco que trabalhava para uma seguradora chamada Skandia ligou para dizer que estava indo para Nova York e perguntou se poderia me visitar.

Em meu escritório, entregou-me seu cartão de visitas, onde se lia Leif Edvinsson, **diretor de Capital Intelectual**.

Fiquei pasmo! Leif Edvinsson explicou-me que fora entrevistado para obter um emprego por Jan Carende, chefe da divisão de Seguros e Serviços Financeiros da Skandia, e lhe mostrara o meu artigo, dizendo: 'Isto é o que a sua empresa deve fazer: **gerenciar o capital intelectual**.'

Jan Carende concordou e disse: 'Faça isto na Skandia!'

Bem, progredimos bastante nesta última década, mas ainda temos um longo caminho diante de nós.

Essa história de valorizar cada vez mais o CI de uma empresa só agora está começando a se desenvolver..."

O que será que estão vendo as pessoas para se emocionarem tanto? Por que há aqueles que se divertem com o que entristece os outros? A resposta está nos diferentes valores e pressupostos (ou modelos mentais) das pessoas!!!

Capital Intelecual 2

PIADINHAS RÁPIDAS PARA "AQUECER" O SEU CÉREBRO!!!

1ª Piada
Joaquim estava saindo pela primeira vez com a sua namorada Manoelita. Estavam passeando no carro de Joaquim, tarde da noite, quando timidamente Manoelita lhe pergunta: "Você gostaria de ver onde me operaram?"
Joaquim entusiasmado responde: " Mas é claro. Isso seria excelente!!!"
"Pois bem, estamos justamente passando em frente do hospital", disse a moça.

2ª Piada
- Existe alguém a bordo do avião que sabe rezar muito bem?
- Sim, eu!!!
- Pois então capriche e os demais coloquem os seus salva-vidas, já que nos falta um...

3ª Piada
Uma formação de patos está voando para o sul para passar as férias.
Um dos patos que está bem atrás se queixa: "Por que temos que seguir sempre o mesmo líder?"
Responde o pato ao seu lado:"Shhh! Fica quieto, ele é o único que tem o mapa!!!"

4ª Piada
Um homem começa a perceber que em todo o seu corpo estão crescendo muitos pêlos e preocupado vai ao médico e lhe pergunta: "Qual é a doença que tenho, doutor?" Responde-lhe o médico: "Você padece de ursite crônica!!!"

5ª Piada

Paciente: "Fiquei sabendo que você é o maior especialista do mundo para curar a calvície. Se você resolver o meu problema, lhe pagarei o que pedir!!!"

Médico, depois de estudar o caso do paciente: "Tenho uma notícia má e uma boa. A má é que não é possível mais fazer crescer nenhum fio de cabelo na sua cabeça. Agora, a boa é que posso reduzir muito o tamanho da sua cabeça ajustando-a aos poucos fios de cabelo que lhe restam!!!"

6ª Piada

Cobaia nº1: "Finalmente consegui treinar o cientista!!!"

Cobaia nº2: "Mas como você conseguiu isto?"

Cobaia nº1: "Cada vez que percorro o labirinto corretamente, quando soa a campainha ele percebe que precisa me dar comida!!!"

POR QUE O CAPITAL INTELECTUAL É VITAL?

Vivemos hoje numa nova era e numa realidade comercial diferente, a da **economia do conhecimento**, que altera os conceitos de valor e da própria criação desse valor.

Nesta nova era, os **intangíveis**, tais como o capital intelectual (em todas as suas variedades), as marcas, a confiança e as redes são a força condutora da economia do conhecimento.

Desta maneira, as organizações que pretenderem ter sucesso e gerar ganhos sustentáveis no século XXI precisam criar fórmulas de conhecimento, ou seja, combinações eficientes de conhecimento tácito e implícito.

De fato, mudou-se muito da economia dos itens tangíveis – produtos – para uma outra movida por intangíveis – serviços, idéias, conceitos, elementos abstratos, etc.

Principalmente as idéias são a nova moeda corrente!!!

Estamos vivendo numa economia acionada pelo cérebro, que nos permite adquirir cada vez mais conhecimento.

O conhecimento não se esgota, ele cresce e cresce, tão certamente como um vírus benigno.

O conhecimento é um recurso renovável.

Mais que isso, ele na verdade aumenta com o uso, tendo provavelmente a vantagem exclusiva de ser o único que cresce com o uso.

Claro que não são apenas as idéias muito valiosas a considerar nesta era do capital intelectual.

As pessoas são muito mais valiosas!?!?

Aliás, são elas que conseguem com que as marcas se tornem vitais para o sucesso de um negócio.

Há algum tempo a **marca** era uma declaração visual e tangível de propriedade.

Agora, porém, não é assim!?!?

Tudo está um pouco menos tangível, até porque o pensamento se baseia em valores.

E uma questão central para a noção de valor das marcas modernas é a da **confiança** – um elemento abstrato nessa enorme massa imprecisa de intangíveis.

Pode-se dizer que a confiança é a ponte pela qual passa o conhecimento antes de ser trocado.

Não se pode ter de forma alguma uma marca tremendamente reconhecida, porém a confiança dos clientes na mesma pode ser obstinadamente baixa. Caso isso esteja ocorrendo com alguma organização, é sinal evidente de que ela está caminhando para o abismo.

Por exemplo, a confiança é essencial para criar marcas, particularmente no mercado de serviços financeiros ou então no *e-business* (*e-commerce*), nos quais a credibilidade e a segurança são imprescindíveis.

Em vista dos novos meios de comunicação proporcionados pelos avanços da tecnologia, é tentador acreditar que as marcas podem ser construídas do dia para a noite.

Entretanto isso claramente não é verdade.

O problema é que embora a confiança seja um conceito simples, ela é incrivelmente difícil de ser conquistada!!!

Uma estratégia para adquiri-la é incrementando a transparência e a visibilidade dos intangíveis.

A reação das marcas de hoje diante de seus problemas atuais determinará em grande parte se chegarão a ser marcas vitoriosas de amanhã.

Mas é somente por meio da confiança que elas terão sucesso.

Nessa última década surgiram muitas empresas novas atuando na Internet (empresas ponto.com, como lojas eletrônicas de brinquedos, de vendas de CDs, de livros, etc... ou aquelas no ramo da biotecnologia).

Para estes negócios, os ativos tangíveis não são senão uma parte da história – freqüentemente insignificante.

Assim, por exemplo, o valor de uma empresa de biotecnologia depende em grande parte do seu relacionamento com os cientistas de ponta e do prestígio que eles possam proporcionar aos demais cientistas. Aliás, isto também acontece numa instituição de ensino superior (IES), que será tanto mais reconhecida quanto mais professores talentosos e renomados tiver no seu quadro!!!

Portanto, uma fonte de valor imprescindível na economia do conhecimento são os **relacionamentos**.

Por sinal, em 1750, o economista italiano Ferdinando Galiani já dizia que: "O valor é uma relação entre as pessoas!!!"

Nas organizações as redes de conexões são de dois níveis: corporativo e pessoal, ou em outras palavras, elas possuem o capital estrutural e o capital humano.

Inicialmente deve-se salientar que cada vez mais rapidamente as empresas estão se tornando algo mais do que simples redes de trabalho.

São na realidade redes institucionalizadas, com marcas visíveis e um capital mais ou menos estruturado.

Para se ter uma rede corporativa eficaz é preciso se empenhar muito para eliminar as fronteiras, para que de fato todos os seus integrantes enxerguem as oportunidades de crescimento e valorização caso contribuam com suas idéias para solucionar os problemas da empresa.

É óbvio que existem também as redes de trabalho pessoais.

Os homens de negócios sempre foram dados a freqüentar clubes, porém a nova economia, com sua fixação pelas redes de trabalho, vem criando novas possibilidades.

Os clubes, em essência, são comunidades e as redes de trabalho também o são.

O objetivo das comunidades é incentivar o diálogo e permitir que as pessoas compartilhem experiências e conhecimentos.

Essa foi a intenção que teve em 1987 Peter Schwartz (um guru do planejamento de cenários e ex-executivo da Shell) e mais quatro amigos quando criaram a Global Business Network (GBN), ou seja, uma comunidade mundial de aprendizado mútuo constituída por organizações e indivíduos.

Aliás, o Explorers Club, da GBN, busca auxiliar as empresas a "transitarem da antiga para a nova economia".

No século XXI as organizações devem ser cada vez mais inteligentes, e isto quer dizer que se deve construir nelas um ambiente que estimule a criatividade e a imaginação de seus funcionários, forçando-os a participarem de redes de trabalho (nos níveis corporativo e pessoal), obtendo desta maneira uma compreensão mais real e duradoura dos modernos conceitos necessários para gerenciar bem os negócios na era digital.

As empresas inteligentes buscarão cada vez mais possuir três tipos de quociente de inteligência: a **inteligência racional** (QI); a **inteligência emocional** (QE) e a **inteligência espiritual ou de sinapse** (QS).

O teste tradicional de QI mede a inteligência racional, isto é, as habilidades que temos de resolver problemas lógicos e estratégicos.

Por muito tempo (infelizmente...) os resultados de QI foram tidos como a melhor medida do potencial das pessoas para alcançar o sucesso.

Mas no início da década de 1990, Daniel Goleman demonstrou que o sucesso também depende da inteligência emocional (QE), ou melhor, de pensamentos que nos dão empatia, compaixão e a habilidade de reagir adequadamente à dor ou ao prazer.

Mais recentemente, Tony Buzan, Danah Zohar e Ian Mitchell explicaram que a inteligência possui outra dimensão importante, que é a inteligência espiritual ou quociente de sinapse (QS).

A sinapse é o local de contato entre neurônios onde ocorre a transmissão de impulsos nervosos de uma célula para outra...

Na verdade, esses estudiosos sustentam que o QS é a base necessária tanto ao QI quanto ao QE. Ele é a nossa inteligência definitiva.

Afinal, os computadores têm um QI elevado, os animais muitas vezes têm um QE elevado, e somente os seres humanos têm QS, isto é, a capacidade de ser criativos, mudar os paradigmas, alterar políticas, modificar situações e se questionar sobre por que estão aqui!?!?

Claro que a empresa que tiver empregados talentosos, com elevado QS, se diferenciará muito das outras...

Explicam Buzan, Zohar e Mitchell: "O QI é a nossa inteligência racional, lógica, linear.

É a inteligência com a qual resolvemos problemas, manipulamos e controlamos o ambiente em que vivemos.

O QE é a nossa inteligência emocional, com a qual identificamos situações e reagimos adequadamente ou não.

É uma inteligência adaptável!!!

Tanto o QI como o QE funcionam dentro de um paradigma, dentro da caixa, dentro do que já foi determinado.

Nós os usamos para praticar um '**jogo finito**'.

O QS, por sua vez, representa a nossa necessidade urgente para entender significados, propósitos e valores mais profundos.

O QS nos leva a fazer perguntas fundamentais; faz o barco se mexer e move fronteiras.

O QS nos possibilita compreender profundamente as situações, inventar novas categorias de entendimento, ser criativos.

Com o QS, praticamos um '**jogo infinito**'.

O problema é que a natureza de curto prazo dos negócios faz com que o QI seja utilizado com muito mais freqüência do que as outras formas de inteligência.

O QI é técnico, mais do que emocional, físico ou espiritual.

Infelizmente, o capital intelectual e a administração do conhecimento se impuseram muitas vezes nesse nível e não em outros, mais profundos ou mais inovadores.

Lamentavelmente ainda a maioria dos métodos de negócios não faz uso direto de qualquer tipo de pensamento reflexivo e emprega principalmente o QI, resolvendo problemas imediatos.

Precisamos de pessoas que reflitam, que saibam como fazer boas perguntas.

Um pouco de educação sobre a filosofia universal ajudaria muito!

No século XXI necessitamos de pessoas que coloquem o serviço acima do ego, que tenham a coragem de ser espontâneas, que não tenham medo de errar.

Precisamos de pessoas que consigam viver à beira do caos, entre a tediosa previsibilidade e a inovação abrupta, entre o conhecido e o desconhecido.

É imperioso que cada ser humano use muito mais o seu cérebro.

Quando um indivíduo se dá conta do poder do seu cérebro, acaba compreendendo que sempre devia ter dado a ele a **atenção número um**!!!"

As empresas e as pessoas que dão importância vital ao desenvolvimento do seu cérebro são as que terão sucesso na era do conhecimento.

Nesse sentido, é muito importante o que conta o prof. Leif Edvinsson, um dos primeiros especialistas que fomentaram o investimento das empresas no capital intelectual.

Em 1997, ele escreveu o livro *Capital Intelectual* (em parceria com Michael Malone), no qual relata as suas experiências na companhia sueca de serviços financeiros Skandia, onde a partir de 1991 exerceu o cargo de **diretor corporativo de capital intelectual**, certamente a primeira pessoa a ocupar formalmente um cargo como este no mundo!!!

Em 1999, Leif Edvinsson deixou a Skandia e foi nomeado o primeiro professor do mundo para a disciplina de Capital Intelectual de Economia do Conhecimento.

No seu novo livro *Longitude Corporativa – Navegando pela Economia de Conhecimento* (*M.* Books do Brasil – São Paulo – 2003), explica Leif Edvinsson: "O **capital intelectual** (CI) é uma combinação entre o **capital humano** – as mentes, as habilidades, as idéias e o potencial dos membros de uma organização – e o **capital estrutural**, que consiste em clientes, processos, bancos de dados, marcas e sistemas.

O início da minha jornada na Skandia se deu em 1991, e durante oito anos consecutivos tive como a principal preocupação incrementar o CI da organização.

No início da década de 1990, o CI da Skandia tinha um valor irrisório, pois o conhecimento e a especialização careciam de coordenação, compreensão e administração, e conseqüentemente estavam bastante desvalorizados.

Porém, com a publicação em setembro de 1991, pela revista *Fortune*, de um artigo com o título *Brain Power* (*O Poder do Cérebro*), parece que aí começou o movimento a favor da valorização do cérebro.

Também foi muito útil nesse aspecto outro artigo que saiu na *Fortune* de autoria de Thomas Stewart, que certamente foi o primeiro a analisar de uma forma inteligente, numa revista de negócios, o valor fundamental de um funcionário e o reconhecimento do que ele faz.

Levou pelo menos mais uns dez anos para que isso se generalizasse, o que no final das contas foi muito rápido.

Por exemplo, é óbvio que na Skandia havia conhecimentos, idéias e experiências em abundância, uma vez que é uma empresa fundada em 1855 e tem atualmente mais de 10 mil funcionários, entretanto todos esses elementos simplesmente não eram captados nem empregados de forma a agregarem valor.

O potencial era oculto, o valor não era revelado nem reconhecido.

Entretanto, no início de 2000, calculou-se o CI da empresa que girava em torno de 15 bilhões de dólares.

Estava assim certo o ex-CEO (*chief executive officer*, ou seja, o executivo principal) da Skandia, Björn Wolrath, que disse ainda em 1991: 'Nosso CI é no mínimo tão importante quanto o capital financeiro, no sentido de proporcionar ganhos realmente sustentáveis.'

Aliás, hoje existem trabalhos muito sérios, como o do prof. Baruch Lev, da Stern University de Nova York, que compilou uma longa lista de empresas com CI elevado.

Por sinal, em 1998 ele organizou a primeira conferência de contabilidade do CI.

Atualmente, poucos têm dúvidas de que o CI é tão relevante para os negócios tradicionais quanto a criação de patentes e a propriedade intelectual para os jovens gênios da economia (*Wunderkinder* em alemão).

Pode-se afirmar literalmente que o CI é o **futuro de todos os negócios**(!!!), é o único meio sensato de medir a energia potencial de uma empresa.

Ademais, nenhuma inovação nunca virá à tona sem que se invista nos intangíveis.

Lamentavelmente, já estão ocorrendo alguns mal-entendidos no tocante ao CI.

Em **primeiro lugar**, não se deve confundir CI com as iniciativas dentro de uma empresa, voltadas para a gestão do conhecimento (GC).

Na realidade, GC representa somente uma pequena fração do CI, visto que cuida do armazenamento, da transferência e da migração do conhecimento. A GC trata o CI como um objeto ou como um livro numa biblioteca.

Quem lida com CI deve porém preocupar-se especialmente com o potencial de ganhos futuros da empresa, ou seja, observar mais o fluxo e não só o patrimônio.

O **segundo mal-entendido** é em função de algumas pessoas pensarem que o CI simplesmente põe um preço na equipe de funcionários da empresa, rotulando-o de '**capital humano**'.

Essa é ainda uma reação comum à grande maioria das pessoas, porque elas vêem o CI simplesmente como o valor dos funcionários e de seu capital humano (chamado por alguns de '**a competência do empregado**').

Na verdade, os ativos do CI se desenvolvem a partir:

a) da geração de novos conhecimentos e inovações;

b) da aplicação dos conhecimentos atuais aos problemas e pendências atuais, de forma a aprimorar os funcionários e a clientela;

c) do acondicionamento, processamento e transmissão do conhecimento;

d) da aquisição de conhecimentos modernos por meio da pesquisa e do aprendizado.

Portanto, CI é a aptidão de transformar o conhecimento e os ativos intangíveis em recursos geradores de riqueza, 'multiplicando-se' o capital humano pelo capital estrutural...

O grande desafio é converter da melhor forma possível o capital humano – a sabedoria e cultura que os empregados detêm – em capital estrutural, pois ele é tão-somente o que resta na empresa quando os funcionários vão para casa....

Uma analogia simples pode ilustrar essa questão.

Pensemos em um computador.

O valor financeiro do *hardware* decai rapidamente a partir do momento em que é tirado da caixa, porém o valor de seu conteúdo cresce exponencialmente a cada vez que é utilizado.

Dessa maneira, o CI é convertido em capital estrutural nas 'entranhas' do computador.

O computador é tangível – pode-se tocá-lo.

Capital Intelectual 2 **43**

O CI é etéreo – não é possível lhe encostar o dedo!!!

Entretanto, juntos, criam algo maior do que a soma das partes e que possui muito valor.

Pensemos, agora, no corpo físico de uma organização.

O capital estrutural de uma empresa está em seus processos de trabalho, receitas de conhecimento, arquivos, escritórios, e assim por diante.

Seu capital humano é o conhecimento e o cérebro das pessoas que nela trabalham – dentro e fora de seus limites físicos.

As organizações que terão sucesso no futuro, sem dúvida, serão aquelas que conseguirem unir os dois, de forma que o capital estrutural se mantenha, mesmo depois de as pessoas saírem da empresa!!!

O **terceiro mal-entendido** é o de achar que o CI é apenas mais um modismo da administração.

Quem explica isso bem é Tony Buzan ao afirmar: 'As empresas seguem um modismo porque ele é uma rota para se obter as vantagens competitivas.

Qualquer que seja o modismo, qual é a primeira coisa que as empresas precisam ensinar a seus funcionários?

Que eles devem ser capazes de aprender e de se lembrar do que aprenderam.

Que eles têm de aprender a pensar e criar, e a pôr isso em prática para gerar lucros.

O problema é que geralmente as empresas não fazem nada disso.

Quem numa organização quiser perder algo como R$ 800 mil num dia, basta investir um milhão de reais em treinamento, quando 80% do que as pessoas aprendem são esquecidos um dia depois do treinamento.

Isso acontece não porque o treinamento seja inadequado, mas sim porque ele não leva o cérebro em consideração.

Enquanto isso não acontecer, as empresas continuarão a procurar novos modismos e novos diretores titulares para os mesmos...

Continuarão iludidas na busca do modismo perfeito: a **panacéia**!!!

Imagine uma empresa idêntica à sua, um clone que abriram do outro lado da rua.

Suponha também que cada um dos empregados da empresa clonada é 10% (só isso...) mais inteligente, mais relacionado, mais apto, mais rápido em qualquer tarefa que exija velocidade, mais saudável, melhor para aprender e pensar, mais vigoroso e 10% mais feliz.

➡ Quanto tempo vai levar para a organização clone assumir a dianteira?

➡ O que acontecerá à empresa mais antiga?

Certamente não durará muito, pois o fato comprovado é que a empresa que tem um maior CI acaba ultrapassando todas as outras...'

Bem, deixando de lado a questão dos modismos, resta o fato de que a maior parte do valor adicionado à maioria das empresas de hoje vem na forma de conhecimento e de intangíveis, não de elementos materiais.

E aí está a essência do CI, ou seja, a sua universalidade.

Sua importância não se restringe a uma empresa.

Ele é definitivamente fundamental para todas as empresas, comunidades e sociedades."

Concluindo, deve-se entender que o CI surge como conseqüência de um aprendizado acelerado em nível organizacional.

O CI ajuda de forma primordial a aumentar o impacto de nosso trabalho.

Porém não é tão fácil assim incrementar o CI de uma organização, nem tampouco ele é um curativo gerencial.

Mas, sem dúvida, o CI é um conceito cuja hora chegou!!!

E isso acontece porque a natureza do mundo dos negócios e a forma como o percebemos mudou muito, agora que ele foi revigorado com a economia do conhecimento.

Somente o conhecimento nos dará oportunidade de criar um mundo melhor, com uma economia global em que todos sejamos capazes de partilhar da melhor forma os nossos limitados recursos.

Na economia do conhecimento, o valor das corporações, organizações e dos indivíduos se relacionará diretamente ao CI que possuem.

O PERIGO É UM ATOR TER UMA "INTELIGENCIA LINEAR" QUANDO PODE ACONTECER ISSO...

Carreira

Quem quer melhorar sua carreira, deve entre outras coisas, ler *100 Coisas para Fazer (Antes de Morrer)*, escrito por Michael Ogden e Chris Day, no qual dizem que todas as pessoas farão tolices, porém devem executá-las sempre com entusiasmo.

Eles sugerem que cada um responda inicialmente as seguintes questões:
- Qual foi o seu primeiro emprego?
- Se todos os empregos pagassem a mesma coisa, qual profissão você escolheria?

- Se pudesse dedicar meio dia por semana para fazer algo deferente, o que seria?
- De quanto dinheiro você precisa para viver confortavelmente?
- Qual foi a maior sorte que você já teve em sua carreira?
- Pense num amigo cuja carreira você inveja.
- Você já pensou em abrir uma empresa que acreditava realmente que fosse dar certo?
- Qual é a profissão mais subestimada? E a superestimada?
- Qual trabalho você gostaria de estar fazendo daqui a dez anos?
- O que você mais gosta de fazer?
- Pense num trabalho que faria de graça;
- Se trabalhasse em casa, do que sentiria falta do seu escritório?
- Pense na sua conquista profissional de que mais tem orgulho até agora.
- Qual foi o pior emprego que você já teve?
- Qual foi o maior tempo que você ficou sem emprego?
- Quais das suas aptidões são as mais subutilizadas?
- O que você queria ser quando tinha nove anos? E o que conseguiu?
- Quantas horas por semana você trabalha?
- Qual é a sua definição de sucesso?

Bem, depois dessa introspecção, que espero que tenha feito de forma sincera, vale a pena conversar sobre a empregabilidade no século XXI.

QUE TIPO DE PROFISSIONAIS QUEREM AS EMPRESAS NO SÉCULO XXI?

As organizações querem cada vez mais contratar **talentos**, ou seja, as pessoas que fazem a diferença e possam integrar adequadamente a sua **classe criativa**.

No tocante aos executivos, buscam-se aqueles que tem uma visão mais ampla, que "enxerguem" o que vai acontecer no futuro, embora nunca deixem de estar voltados para resultados.

Na prática isso significa que todas as campanhias têm suas metas e objetivos, que devem ser de amplo conhecimento dos seus colaboradores.

Entretanto isso não garante a adesão antecipada e nem o verdadeiro comprometimento de cada um dos funcionários com a missão e a visão da organização.

Para que isso aconteça de forma efetiva é necessário que a empresa tenha uma visão que **contamine** todos os seus empregados.

As empresas, neste início do século XXI, estão procurando contratar (ou desenvolver) líderes capazes de mobilizar os demais, disseminando a visão da organização, até que todos os outros funcionários comportem-se no sentido de alcançá-lo...

É natural que na visão deve estar a intenção de levar a organização a uma posição ímpar no mercado.

Para obter sucesso nesse sentido, é vital ser proativo. Mas infelizmente a grande maioria das pessoas reage de acordo com as oportunidades, vale dizer, respondem aos estímulos tal como a um anúncio de jornal, a indicação de um conhecido ou mesmo o convite de um *headhunter* (caça-talento).

A pessoa assim acaba se amoldando a um ditame predeterminado e que vem de fora, o que sem sombra de dúvida compromete muito as suas possibilidades de ter um êxito significativo na sua carreira.

Para mudar essa dinâmica, cada indivíduo deve substituir a reatividade ao emprego pela lógica proativa, que está relacionada à concepção de empregabilidade que cada um quer para si.

Procurar emprego é **reagir** ao que está disponível, enquanto **empregabilidade** implica tomar a frente e se preparar para oferecer ao mercado o talento profissional, isto é, ser uma pessoa diferenciada.

A dicotomia entre reação e ação, que aparece também em outras frentes igualmente importantes, exerce um impacto decisivo na qualidade dos resultados alcançados por pessoas ou por empresas.

Assim, por exemplo, essa dicotomia se faz presente na diferença que existe entre **motivar** e **inspirar**.

Enquanto o primeiro conceito está relacionado a um estímulo externo, com resultados de curta duração, o segundo envolve a chama interior.

Aliás, o mesmo acontece com a idéia de ser **normal** (ou comum), que é o indivíduo que segue as normas, ou de ser **natural**, que é a pessoa tem a qualidade de ser transparente e autêntica.

Os bons empregos, por sua vez, serão cada vez mais difíceis de conseguir, e desta maneira as pessoas precisarão se preocupar cada vez mais com a construção do seu futuro, para o que não basta ter uma boa educação de nível universitário.

É vital que cada indivíduo tenha uma consciência clara de que sua carreira é um patrimônio que exige desvelo, que impõe que cada um faça freqüentemente um balanço sincero do caminho já percorrido, isto é, um inventário sobre o que foi feito no último ano e nos anteriores, percebendo claramente a bagagem acumulada e notando as lacunas que ainda precisam ser preenchidas.

Essa contabilidade não deve ser feita exclusivamente à luz do que o mercado quer ou exige, porém, acima de tudo, em consonância com o projeto pessoal de vida e carreira.

E aí talvez seja muito útil recorrer a um bom serviço de aconselhamento, isto é, ao *coaching* (ou *mentoring,* ou ainda *counseling*).

Deve-se evidentemente recorrer a um verdadeiro *coach.*

A palavra *coach* tem vários significados, e o mais difundido certamente é o de técnico esportivo que acompanha e orienta o atleta interessado em se aprimorar em determinada modalidade, como por exemplo o tênis, bastando seguir a evolução de Maria Sharapova e de tantos outros tenistas jovens.

O termo invoca também o divã do analista e, desta forma, a expressão *coaching* configura a ação do terapeuta.

Fazendo a transposição para o mundo organizacional, a figura do *coach* está relacionada àquele que cuida da saúde e do bem-estar profissional do seu orientado.

Evidentemente o *coach* não pode ser um pseudo-especialista, aliás o leitor entregaria a sua saúde física e mental a um leigo?

Certamente que não, e o mesmo critério de avaliação deve ser aplicado quando o assunto é a carreira.

É obvio que aqui também o diagnóstico, o prognóstico e o tratamento demandam a atuação de pessoas especializadas, uma vez que profissionais inexperientes e não devidamente credenciados podem ser tão perigosos quanto a automedicação.

Nos EUA e em vários países já proliferam cursos para a formação de *couches* (conselheiros ou orientadores), com duração de um a dois anos em nível de pós-graduação, tendo como pré-requisitos a formação em psicologia e/ou uma vasta experiência na área de recursos humanos.

O Brasil já deu alguns passos firmes nesse caminho, com oferta de bons cursos do gênero, como os oferecidos na pós-graduação da Fundação Armando Alvares Penteado (FAAP).

Um bom *coach* é aquele que ajuda uma pessoa sob sua orientação a pensar acerca do seu desenvolvimento pessoal e profissional, suscitando a reflexão sobre as relações com chefes, pares e subordinados.

Além de conhecer o ser humano e seu funcionamento mental, o bom *coach* é aquele que tem experiência no âmbito corporativo e sabe utilizar sua sensibilidade e bagagem para avaliar os obstáculos que prejudicam o crescimento do orientado.

Com a sua inteligência e experiência, o *coach* está apto a discernir se os entraves são de cunho pessoal, de formação, de relacionamento, ou se estão ligados à cultura da empresa.

É por isso que a escolha de um *coach* requer bastante critério e bom senso, sendo prudente selecionar um conselheiro que não mantenha vínculos com o empregador de seu assessorado, evitando influências na relação e garantindo o sigilo e a conduta ética, imprescindíveis à atividade,

Outros fatores decisivos são a maturidade e a qualidade da experiência do *coach*, que deve ser uma pessoa em quem se confie e que apresente uma consistência e coerência entre o seu discurso e a prática.

O *coach* eficaz é o que além de conhecer o mercado e a evolução das carreiras, consegue sempre manter o foco na pessoa que está orientando.

Deve, por conseguinte, evidenciar desprendimento, generosidade intelectual e respeito à identidade do individuo que orienta.

Claro que um tal *coach* ajudará muito uma pessoa a estabelecer os seus propósitos, isto é, definir o caminho que ela deve seguir para de maneira proativa garantir sempre a sua empregabilidade.

É óbvio que nessa trajetória deve-se ter bastante flexibilidade para não desperdiçar as oportunidades que surgirem, sempre articulando os desejos internos com a realidade externa.

Por sinal, não se pode ficar alheio ao mundo ao redor e não se pode cometer o erro de perseguir a realização pessoal e profissional sem ter desenvolvido um profundo conhecimento de si mesmo.

A base de todo o processo de alcançar sucesso na carreira está no **autoconhecimento**, que possibilita com mais facilidade saber aonde se quer chegar!!!

O autoconhecimento é realmente o elemento vital para que cada um possa delinear de forma precisa o que quer alcançar no futuro, traçar uma rota e conseguir ultrapassar todos os obstáculos que virão pela frente.

Mas com essa atitude proativa certamente são os bons empregos que virão ao encontro das pessoas, e não ela, afoita e desesperada, que estará correndo de uma entrevista para outra, procurando ser aprovada nos testes de recrutamento...

Clientes Difíceis

QUAIS SÃO OS CUIDADOS QUE UM EMPREENDEDOR DEVE TOMAR PARA ENTENDER BEM UM CLIENTE?

A Editora Globo, que há muito tempo lançou a revista *Pequenas Empresas & Grandes Negócios* – a melhor do Brasil no seu segmento –, agora com a ajuda dos seus editores e contando com o apoio de um seleto grupo de consultores do Sebrae de São Paulo, condensou os artigos mais importantes que publicou nos últimos anos, e assim surgiu num único volume de fácil consulta e linguagem acessível o *Guia Pequenas Empresas & Grandes Negócios – Como Manter Viva a sua Empresa.*

É evidente que o livro é dirigido a todos os empreendedores e microempresários do Brasil.

Mais do que nunca, a sociedade e o poder público acompanham com muita atenção o desempenho desse setor, que apesar de ainda estar marginalizado, é atualmente o grande gerador de empregos e oportunidades de trabalho em todo o Brasil.

Ainda que respondam por parte considerável dos registros feitos em carteira nos dias de hoje, é sabido que os pequenos negócios e os microempresários carregam, tradicionalmente, a sina de conduzir seus negócios em meio a enormes dificuldades. Dados recentes obtidos junto a sindicatos e organizações não-governamentais (ONGs) dão conta de que perto de 95% das empresas que abrem as suas portas no País quebram antes de completar cinco anos de atividade.

De cada dez empreendimentos abertos, apenas três conseguem permanecer no mercado depois de três anos.

A despeito das sucessivas mudanças econômicas pelas quais o País passou, as dificuldades para o setor se mantêm intactas: linhas de crédito insuficientes, taxas de juros escorchantes, falta de assessoria técnica e legal, excesso de burocracia, ausência de incentivo à capacitação, impostos e encargos sociais pesados, restrições às exportações.

Somados, alguns desses fatores tornam o cardápio indigesto para qualquer empreendedor e colocam os pequenos e microempresários no vermelho.

Esse livro justamente apresenta muitas sugestões e oferece alternativas de ação para o batalhão de empresários que continuam com as mangas arregaçadas, enfrentando com obstinação – e muitas vezes solitariamente – as agruras da economia brasileira, acreditando inclusive com idealismo e patriotismo que **empreender é a solução** para o problema do desemprego no Brasil.

Um dos pontos mais interessantes do livro é aquele que ensina o empreendedor a lidar com os seus clientes difíceis.

Diz a sabedoria popular: **o cliente sempre tem razão**!!!

Seja ele arrogante, tagarela ou amante de uma boa discussão, tudo do que ele precisa é de um interlocutor experiente, um empreendedor com muito jogo de cintura.

Para todos os empreendedores a regra é uma só: para garantir a fidelidade do seu cliente, e desde que o produto da empresa seja bom, basta pôr em prática três frentes de trabalho.

São os chamados três Rs, variáveis que, se bem exploradas, podem aproximá-lo do seu cliente e assegurar a fidelidade dele ao seu negócio, marca ou loja.

O primeiro R é o do **relacionamento,** e pressupõe manter o cliente informado sobre os lançamentos ocorridos, para consolidar seu vínculo com a marca.

O segundo R é o do **reconhecimento.**

Seu negócio deve ter como filosofia mostrar ao cliente que ele é mais importante que a maioria dos outros, que faz parte de um seleto grupo de clientes preferenciais.

O terceiro R é o da **recompensa**.

A empresa precisa adotar como norma a instituição de programas ou iniciativas que visem a oferecer vantagens aos seus clientes mais importantes.

Essas iniciativas devem ser usadas seja qual for o perfil do seu cliente.

Aliás, os seus clientes podem ser do tipo:

1. **O tagarela** – É aquele que visita a sua empresa com o pretexto de relatar o que vem acontecendo na sua vida pessoal e profissional!?!?

   Não lhe prometa o que não pode cumprir, pois esse tipo de cliente pode tentar induzi-lo a atendê-lo em todos os seus caprichos.

   Fique atento, porém, ao que se comprometeu a lhe fazer ou entregar.

2. **O detalhista** – É aquele cliente que deseja se cercar de garantias e de evidências de que está fazendo uma boa compra. Toma o seu tempo e não hesita em fazer as mesmas perguntas repetidamente. Faça-o sentir que você está acompanhando o seu raciocínio e que pode ajudá-lo a resolver seu problema, mas limite suas perguntas ao que realmente lhe importa saber.

3. **O desconfiado** – Esse cliente tem um perfil semelhante ao do detalhista, pois também precisa de explicações convincentes para legitimar sua compra. Quando for atendê-lo, inclua no seu discurso expressões como "vamos resolver com segurança", "para não haver dúvidas", etc.

4. **O direto** – É aquele cliente que aparenta não ter tempo para perder e sabe exatamente o que quer. Com ele, o ato de comprar é objetivo e rápido, por isso é preciso responder às perguntas que formula com objetividade e cortesia. Fale pois com ele sem rodeios, e ofereça argumentos racionais em defesa do produto que está vendendo.

5. **O arrogante** – É o tipo de cliente que entra na empresa apostando que não vai achar o que procura. Muito racional e aparentemente seguro de si, busca tão-somente resultados e não titubeia em pedir propostas por escrito para cercar-se de garantias. O empreendedor que faz freqüentemente o papel de vendedor precisa saber ganhar a confiança do cliente arrogante, mantendo uma postura de lealdade e cumplicidade com ele, não adotando jamais uma atitude que o pressione.

6. **O polêmico** – Esse cliente é aquele que adora uma discussão e paga para brigar em público. Agressivo por natureza, vai tentar contradizer aquele que lhe oferece um produto ou serviço, **qualquer que seja a postura do ofertante**. Ele está principalmente interessado nos benefícios que você tem a lhe oferecer, portanto, para ter sucesso no relacionamento com o cliente polêmico é preciso mais do que nunca manter a calma e o profissionalismo, não adotando nenhuma atitude que possa ser interpretada como descortesia, pois ele presa muito as aparências.

7. O carente – Esse cliente demanda muito do tempo daquele que o atende, e ao tentar realizar o ato da compra ele se assemelha a algo parecido com uma sessão de psicoterapia. O carente está sempre focado nos problemas pessoais e faz da relação de consumo um bom pretexto para criar vínculos pessoais. O empreendedor que estiver se relacionamento com um cliente carente precisa demonstrar um grande interesse pelas suas dúvidas e incertezas. Deve convencê-lo de que os seus comentários são de grande importância para o negócio e deve pautar suas atitudes na tentativa de agradar o carente!?!?

Bem, a obra *Guia Pequenas Empresas & Grandes Negócios – Como Manter Viva a sua Empresa* é repleta de ensinamentos práticos, e aposta nas dicas apresentadas como receitas de sucesso que ajudarão o empreendedor brasileiro a trilhar o caminho do lucro para o seu negócio. **Vale a pena ler esse livro!!!**

Comando

Estar no comando não é nada fácil principalmente quando alguém escolhe casar com uma mulher que tem uma mãe que poderá ser uma sogra não muito "controlável".

Você é casado?

Ótimo, então faça uma identificação sobre o tipo da sua sogra.

Se você não for ainda casado, faça também o seu prognóstico sobre o que pode lhe ocorrer.

TIPOS DE SOGRA

Sogra tranqüila
Nome cientifico: *Sogronis*
Uma espécie bem resolvida. Deixa o filhote livre para namorar sem fazer perguntas. E ainda serve chá com biscoitos quando a (o) conhece.
Migra várias vezes por ano, deixando a casa liberada.

Sogra jararaca

Nome cientifico: *Sogronis peçonhentus*

Essa é um perigo. Sua língua venenosa acaba com as tentativas de namoro do filhote; o tipo mais comum.

Sogra querida

Nome cientifico: *Sogronis simpaticcus*

Espécie amorosa, que adora as namoradas (os), escuta seus problemas e torce pelo namoro. Rara e em extinção, quem captura não solta.

Sogra intrometida

Nome cientifico: *Sogronis inxiridus*

Se mete quando você menos espera e adora elogiar a ex-namorada(o) dele(a). Vence sua presa no cansaço. Costuma ir morar com o(a) filhote(a) quando ele(a) se casa.

Sogra dupla face

Nome cientifico: *Sogronis falsidis*

Faz a linha fina, mas na real quer puxar seu tapete. Nunca faz nada contra você perto do filhote(a) para que ele(a) não acredite nas suas reclamações. Dá presentes ou arruma um macho para ela voltar a reproduzir.

Sogra *fashion*

Nome cientifico:*Sogronis modernetes*

Ela não quer saber quem é você, mas o que você veste. Se você for básica(o), já era. Para ela, nora ou genro ideal usa *scarpin* com meia, customiza o uniforme e faz artesanato com o copo de requeijão.

Sogra ideal

Nome cientifico: *Sogronis defuntus*

Está enterrada a pelo menos 7 palmos do chão.

E agora, você acha que o século XXI é o século da mulher?

AS MULHERES ESTÃO APTAS PARA VENCER AS BATALHAS NAS ORGANIZAÇÕES?

Realmente os tempos não são mais os mesmos!!!

Depois da terrível batalha dos sexos travada no século XX, as mulheres estão cada vez mais seguras do que nunca do seu **eu feminino**, e tudo faz crer que nos próximos 25 anos superarão os homens na maioria dos setores, tanto no comando das organizações como nos postos de comando dos vários níveis governamentais.

Além disso, as profissões liberais também serão dominados pelas mulheres, ou seja, ter-se-ão mais advogadas, médicas, professoras, administradoras, arquitetas, engenheiras, etc. que homens nas correspondentes profissões...

Chin-Nig Chu escreveu o interessante livro *A Arte da Guerra para Mulheres*, no qual busca ensinar como as mulheres podem usar as estratégias desenvolvidas por Sun Tzu na sua obra *A Arte da Guerra*, que ele escreveu por volta de 460 a.C.

O incrível é que em *A Arte da Guerra*, Sun Tzu não trata apenas de competição, mas se aplica com igual propriedade à **administração da vida profissional** e à **motivação das crianças**.

Aí, Chin-Nig Chu diz no seu livro: "*A Arte da Guerra*, de Sun Tzu, pode ser um tratado antigo mas é uma obra de utilidade eterna.

Na verdade, o que me surpreendera é que ninguém até hoje escreveu um livro sobre como as mulheres podem aplicá-lo a todas as suas situações conflitantes, quando precisam lutar.

Como disse Sun Tzu: 'A melhor entre as melhores estratégias é vencer sem lutar.'

E que mulher não se interessa por isso?

O meu livro entretanto não é contra os homens, mas apenas a favor das mulheres conquistarem mais **liberdade** e mais facilmente o seu **sucesso pessoal** e **profissional**.

Não é nenhum segredo que os seres humanos do sexo masculino aceitem os conceitos da guerra e da batalha com muita **naturalidade**.

Por milhares de anos, os homens travaram batalhas pela sobrevivência.

Geneticamente, suas mentes ficaram fortemente marcadas para pensar como guerreiros.

Todos os seres humanos quando ouvem falar em 'arte da guerra', pensam imediatamente em batalhas, vítimas e brutalidade.

No entanto, o **conceito chinês** de arte da guerra, que remonta a 3.500 anos, não está ligado à guerra.

Na realidade, é um conjunto de estratégias que possibilitam fazer tudo da maneira mais fácil possível para se chegar à vitória e à paz.

Justamente as mulheres devem no século XXI aprender, conseguir aplicar essas estratégias por meio de suas **manobras mentais** para alcançar o resultado almejado com o **mínimo esforço**.

E o incrível é que essas estratégias de arte da guerra são uma combinação perfeita para as maiores forças naturais da mulher.

Aliás, **intuitivamente** as mulheres sempre utilizaram algumas das estratégias da arte chinesa da guerra ao **negociar sabiamente** com os maridos, namorados, filhos, patrões, amigos e clientes.

As mulheres sempre foram estrategistas disfarçadas, e agora precisam apenas aperfeiçoar-se nos conceitos relacionados à arte de guerra para viverem felizes e numa paz confortável."

No século XXI, em muitos países adiantados as mulheres estão obtendo um sucesso cada vez maior tanto nos próprios negócios – no Brasil numa pesquisa feita em 2006, constatou-se que 48% dos empreendedores são mulheres – bem como nos cargos de direção nas grandes, médias e pequenas empresas.

Aliás, está cada vez mais comum o seguinte conceito exibido num anúncio sobre a declaração de uma jovem, na cidade de Sidney, na Austrália: "Antes, eu queria me casar com um milionário. Agora, eu quero ser milionária!!!"

E esta não é mais uma atitude expressa apenas na Austrália.

Ela está se tornando um fenômeno internacional, uma corrente de feminilidade universal que atravessa e ultrapassa culturas e fronteiras nacionais, já estando presente com certo destaque também no nosso País.

➡ **Mas por que as mulheres foram oprimidas até agora?**

No universo, *yin* (a força feminina) é igual a *yang* (a força masculina).

Como disse Lao-Tsé, o grande filósofo taoísta: "O universo, ao carregar em seu seio *yin* e *yang*, infunde ambas as forças com igual energia.

E assim, faz-se a **harmonia**."

Não foi o céu que criou a desigualdade entre os sexos.

A maior culpa, ao menos pelas mazelas do passado, deve ser atribuída aos próprios homens!!!

Toda cultura tem suas lendas para explicar por que é justo oprimir as mulheres.

Na Ásia, onde vive 37% da população mundial, as pessoas são fortemente influenciadas pelos ensinamentos de Confúcio, e agem até agora com interpretações equivocadas de suas palavras.

Certamente a origem de todo esse mal-entendido está na seguinte frase de Confúcio: **"É difícil argumentar com homens ignorantes e mulheres!?!?"**

Por causa dessa afirmação, as mulheres asiáticas foram maltratadas por milhares de anos, em particular pelos homens coreanos e japoneses, que são os mais apegados às   regras de Confúcio, quando se trata de pôr em prática a sabedoria chinesa.

É necessário recordar que Confúcio viveu há aproximadamente dois mil anos.

Os homens ignorantes a que se referia eram aqueles que, embora tivessem estudado, **não assimilaram o saber**.

Já a ignorância das mulheres se devia principalmente ao fato de que elas **eram proibidas de estudar**!?!?

Elas não podiam pensar por si e era a sociedade que lhes impunha os pensamentos e atitudes.

E elas durante séculos aceitaram tudo isso, sem questionar a enorme quantidade de regras ridículas que lhes foram impostas.

Certamente se Confúcio pudesse se levantar do túmulo, traria consigo raios e trovões para derrubar e silenciar todos os homens egoístas da Ásia, que usaram tanto o seu nome para diminuir a mulher durante os últimos dois mil anos!!!

A propósito, em algumas culturas muçulmanas fundamentalistas as mulheres continuam ocupando um lugar inexpressivo, não podendo ainda nem votar...

Em um Congresso Mundial da Religião Muçulmana, realizado há alguns anos em Kuala Lumpur, na Malásia, entre os participantes havia apenas uma mulher, Saleha Mohammed Ali Bin Taib, justamente a representante do governo do país que sediava o encontro.

Ela é diretora do Malaysian Religious Board, um conselho religioso, e foi a primeira mulher a deixar o país para estudar na Inglaterra.

Em seu pronunciamento para uma platéia constituída por líderes religiosos, quase todos vindos de países produtores de petróleo do Oriente Médio, Saleha Mohammed Ali Bin Taib enfatizou: "Estou feliz de ter nascido neste país. Se vivesse em qualquer dos países de onde os senhores vêm, não estaria aqui agora fazendo este discurso."

No Ocidente, temos ainda um relacionamento no mínimo de grande dependência quando o homem trabalha e a mulher não trabalha fora, pois aí se estabelece o esquema do provedor e protetor que acaba abusando de alguma forma da protegida.

Mas no mundo todo, ao se entrar no século XXI, tudo indica que se está passando da Revolução Industrial para a Revolução da Informação, e para muitos observadores, da "história deles para a história delas", ou ainda, do "século do homem para o século da mulher".

Salienta Chin-Nig Chu no seu livro: "O século XXI seguramente é o século da mulher.

Mais que isso, o século XXI vai ser conhecido como **século do Pacífico**, porque é a região do Pacífico que continuará sendo a principal área de crescimento nos próximos cem anos.

E o maior indício é a parceria que em abril de 2005 foi firmada pelo primeiro-ministro chinês Wen Jiabao, com o seu colega indiano Manmohan Singh, criando um novo tipo de vínculo diplomático que unirá cerca de um terço da população mundial – mais de 2,4 bilhões de pessoas.

O acordo assinado entre a Índia e a China reflete uma mudança histórica nas relações entre os dois países e um novo passo na ofensiva hostil lançada pelo governo de Pequim, que busca construir alianças eficazes que lhe garantam estabilidade regional para apoiar o seu crescimento econômico.

Ambos os países concordaram com um roteiro para encerrar décadas de disputas fronteiriças, e foram acertadas as condições para ampliar os vôos de passageiros entre as duas nações, expandir a cooperação militar e o comércio entre os dois países mais populosos do mundo.

Antigos rivais que foram à guerra em 1962, Índia e China têm economias crescentes e um gigantesco apetite por energia, e estão famintos por novos mercados mas agora chegaram à interessante (e perigosa para o resto do mundo...) possibilidade de fazer negócios juntos.

O comércio está aumentando rapidamente entre eles, particularmente do lado indiano, e depois dos EUA, a China é agora o segundo maior parceiro comercial da Índia, com o comércio crescendo a uma taxa de 30% ao ano (!?!?), que ultrapassou US$ 18 bilhões em 2005.

Para os EUA e o restante do mundo, os efeitos da parceria dos gigantes asiáticos podem ser terríveis!!!

Assim, nos próximos anos será cada vez maior a pressão para se baixar os salários, ocorrerá mais terceirização de empregos, haverá uma grande competição por investimentos e se conviverá com preços altos para recursos escassos.

E hoje o crescimento simultâneo da Índia e da China tem poucas comparações na história moderna, pois as taxas de crescimento ao ano dessas nações estão bem próximas de 10%.

De acordo com o Banco Mundial, o seu crescimento combinado foi muito benéfico, pois auxiliou a reduzir um estado de extrema pobreza em 2004, quando quase 40% da sua população se encontrava nessa situação no início da década de 1980.

E a China certamente apoiará a Índia para converter-se em membro permanente do Conselho de Segurança da Organização das Nações Unidas!!!

Junto com essa ascensão do poder econômico (e militar...) do Pacífico, emergirão no mundo cada vez mais intensamente os valores culturais do Pacífico, com uma forte tendência para as **qualidades femininas**!!!

Por sinal, é bem simples identificar os temas dominantes da cultura ocidental, que é direta, racional, lógica, dizendo o que vem à cabeça, isto é, **qualidades masculinas**.

Ao mesmo tempo, as qualidades asiáticas, ou do Pacífico, são claramente **femininas**, ou seja, a intuição, a sutileza e o não-dualismo.

A cultura do Pacífico reconhece toda uma gama de matizes e admite que a vida se compõe de ambigüidades e paradoxos.

Para ela o ausente é mais real que o presente, ou melhor, o mais importante não é o que pode ser visto, ouvido ou tocado!!!

E o incrível é que o corporativismo ocidental está atualmente deixando cada vez mais o terreno do materialismo puro e entrando no terreno mental, aproximando-se do pensamento oriental, buscando o aspecto feminino para formar a sua força competitiva.

As qualidades femininas como empatia, intuição, carinho e capacidade de adaptação foram consideradas qualidades inferiores durante a era industrial, dominada pelos homens.

No século XXI, à medida que vamos entrando na era da informação, o **poder dos músculos** deixou de ser a força que move a sociedade.

Agora é o poder da mente que comanda, nesta era da criatividade!!!

A capacidade inata que a mulher tem de perceber nuances de significado e ir além do visível será a ferramenta competitiva essencial nos próximos anos.

De fato, com o avanço da revolução da informação no século XXI, a percepção da realidade vai ficando cada vez mais feminina, mais asiática, mais baseada na capacidade feminina inata de compreender questões sutis!!!

Sun Tzu ensinou que antes de travar uma guerra devem ser examinados os cinco elementos essenciais que governam o sucesso.

Eles são: *tao* (retidão), *tien* (sincronização) *di* (Terra), *jiang* (liderança) e *fa* (administração).

No século XXI será cada vez mais importante a sincronização (*tien*), quer dizer, o ponto em que o conhecimento inconsciente passa para o nível da consciência, e aí a mulher será campeã, pois ninguém melhor que ela para usar adequadamente a **intuição**.

É difícil explicar a intuição, que é estimulada por uma profusão de idéias, fazendo com que a visão da sincronização perfeita se revele de repente.

Toda mulher, entretanto, que não tiver uma intuição perfeita, deve buscar planejar e decidir com base na coleta de dados sólidos que fundamentem as suas "suspeitas".

E ainda que a sua intuição seja praticamente infalível, não conte para ninguém ser essa a fonte de informação que você utiliza.

É convincente deixar que a intuição funcione como sua bússola, para descobrir onde colher os dados.

Então, siga em frente e esteja preparada para explicar racionalmente como as suas conclusões são o resultado de um bom planejamento e de uma boa coleta de dados.

Claro que você leu o livro de Chin-Nig Chu, e lá está explicado como Sun Tzu dava sustentação à intuição por meio do planejamento e de dados sobre o inimigo, dizendo:

"A extensão do sucesso depende do tipo de planejamento executado para garantir a vitória com antecedência, e aí tem-se:

1. Planejamento meticuloso, quando antes de entrar na batalha você já ganhou a guerra.
2. Planejamento descuidado, o qual faz com que antes de se entrar na batalha, você pode já ter perdido a guerra.
3. Sem planejamento, com o que a derrota é certa.

Como se vê, o bom planejamento é a chave do sucesso e da vitória."

Ainda que a sua intuição seja infalível, é adequado não ficar destacando para os outros que é essa a principal fonte para as suas tomadas de decisões. Acredite, sempre que for possível, que as suas estratégias e ações são o resultado de um bom planejamento e de uma boa coleta de dados.

Realmente, com as transformações que estão ocorrendo na economia mundial, as mulheres estão tendo uma excelente oportunidade de reposicionamento.

A fórmula da vitória definitiva para as mulheres está no uso adequado dos princípios de *tao, tien, di, jiang* e *fa*, ou seja, no casamento da sua eficiência com a sua bondade.

As mulheres do século XXI têm plena competência para pensar como estrategistas e suficiente coragem para agir como guerreiras de forma eficaz, apoiando-se nos princípios de arte da guerra de Sun Tzu.

Competitividade

COMPARAÇÃO ENTRE A
1ª ESPOSA E A 2ª MULHER

A 1ª esposa não parece *sexy*, mas é!	A 2ª mulher parece *sexy*, mas não é!
A 1ª esposa casou por amor e sonha com riqueza.	A 2ª mulher casou por dinheiro e sonha com o amor.
A 1ª esposa não o trocaria por nada desse mundo...	A 2ª mulher aceita qualquer oferta vantajosa...
A 1ª esposa procura guardar todas as coisas das suas calças.	A 2ª mulher esvazia tudo o que você tem nas suas calças.

COMO UMA EMPRESA CONQUISTA SUA VANTAGEM COMPETITIVA?

Vivemos no século XXI, quando precisamos compreender que esta é a era do capital intelectual, uma época na qual o valor agregado flui da criatividade, de um conjunto de talentos, ou seja, dos profissionais criativos da organização.

No seu livro *Reimagine*, Tom Peters diz: "**Talento** representa certamente a preocupação principal para as empresas no século XXI, quando se percebe que existe muito a falta de talentos...

E isso porque talento não tem nada a ver com 'mão-de-obra', nem com o 'número de cabeças', e muito menos com os 'corpos em cubículos'.

Talento tem tudo a ver com aqueles indivíduos que conseguem marcar pontos ou gols para a empresa se tornar vitoriosa.

Todavia, para **atrair**, **reter** e **tirar** o máximo dos profissionais talentosos surpreendentes, as organizações precisarão oferecer não apenas bons salários, mas também um lugar impressionante para trabalhar.

Um local onde eles possam iniciar e executar grandes coisas; onde possam elaborar contribuições notáveis e agregar enorme valor aos produtos e/ou serviços da empresa.

Descobrir talentos não é nada fácil.

Mas, no meu modo de ver, essa deve ser a obsessão de todos os gerentes.

Antes, ou seja, há cerca de 20 anos, principalmente nos EUA a obsessão foi com os catorze Princípios Sagrados do dr. W. E. Deming, a saber, o foco estava na qualidade.

Mas agora os gestores devem dedicar a maior parte do seu tempo ao desenvolvimento e ao recrutamento de talentos.

É um negócio **25-8-53**, isto é, os executivos principais das empresas devem pensar nele 25 horas por dia, 8 dias por semana e 53 semanas por ano!?!?

Talento, eu amo esta palavra!!!

Tão diferente de 'funcionários'.

Tão distinta de 'pessoal'.

Tão diversa de 'recursos humanos'.

Talento. Eu realmente adoro esta palavra!

Adoro-a por causa das imagens que me vêm imediatamente à cabeça.

Yo-Yo Ma tocando o violoncelo; Pavarotti soltando a voz a todo volume; Gene Hackman ou Nicole Kidman no comando total de uma cena, ou Michael Jordan fazendo aquele último lance mágico que deu ao Chicago Bulls o sexto campeonato de basquete profissional dos EUA.

Talento!

Mas que palavra!!!"

Realmente, Tom Peters que é um dos maiores gurus de administração do mundo, apresenta muito bem a importância do talento a fim de se conseguir a vantagem competitiva para uma empresa, visto que ele é o **ingrediente primordial do capital intelectual da organização**.

Sem dúvida, sobreviverá no século XXI a empresa que estiver ganhando a grande guerra por talentos que está em andamento...

Jack Welch, considerado em algumas pesquisas como o mais importante CEO (*chief executive officer* ou executivo principal) do século XX, certamente passou 80% do seu tempo na General Electric (GE) devotado a desenvolver talentos.

Por sinal, ele treinou três pessoas para substituí-lo e Jeffrey R. Immelt foi o escolhido. Mas os dois preteridos tornaram-se executivos principais na 3M e na Home Depot, isto é, ele até treinou talentos para outras empresas...

Aliás, em particular Bob Nardelli, que se tornou CEO da Home Depot, não satisfeito apenas com o novo cargo também levou Dennis Donovan, seu antigo executivo no setor de Recursos Humanos na GE, e o colocou no posto de vice-presidente executivo, recebendo algo próximo de US$ 21 milhões por ano, um salário no mínimo de um grande astro de *rock*!!!

Ed Michaels, o renomado "guru de talentos" da conceituada empresa de consultoria McKinsey&Co, chamava acertadamente a GE de uma máquina de talentos.

Isso em grande parte devido a Jack Welch, que foi indiscutivelmente o **melhor desenvolvedor de talentos** nas grandes empresas no século passado.

Pouco tempo antes de sair da GE, Jack Welch anunciou seu plano para aposentadoria.

Em lugar de dirigir outra empresa, tornou-se um *coach* ("treinador") especial.

Ele agora ajuda os principais executivos das empresas gigantes no desenvolvimento dos seus talentos!!!

Para que se tenham talentos numa empresa, e desta forma ela adquira uma grande vantagem competitiva em relação às outras, são necessárias muitas modificações, entre as quais:

1. Mudar o perfil do setor de Recursos Humanos (RH).

É necessário que esse setor da empresa se transforme de fato num Departamento de Talentos, e consiga recrutar e desenvolver seriamente gente legal!!!

Que tenha de fato uma "abordagem estratégica" para lidar com a descoberta de talentos na organização.

Isso deve incluir um processo de revisão formal de talentos.

Enfim, o pessoal do RH deve dedicar-se de corpo e alma ao processo de avaliação contínua de desempenho dos funcionários da organização. Uma das metas é a de dedicar pelo menos dois dias por pessoa, duas vezes por ano!!!

2. Pagar os talentos de forma diferenciada, estabelecendo padrões bem altos!!!

Jerry Yang, co-fundador do Yahoo!, diz: "Valorizamos as pessoas talentosas – os nossos engenheiros e programadores – como se faz com os atletas profissionais.

E com certeza, gente tecnicamente inteligente e criativa está ficando cada vez mais cara."

Ter gente talentosa exige o estabelecimento de níveis salariais específicos para remunerá-la corretamente, mas as empresas de melhor desempenho acabam obtendo lucros que lhes permitem pagar mais que as companhias de menor destaque.

Na realidade, ao se pagar melhor consegue-se também atrair para a empresa pessoas mais capacitadas, como explica Tom Peters: "Há um velho provérbio em gerência que diz: **'Aquilo que é medido, é feito.'**

Eu quero reinterpretá-lo da seguinte forma: 'Aquilo que é medido, é feito. Aquele que recebe pagamento adequado, rende mais e melhor.

E não estou afirmando que devemos pagar um absurdo para os funcionários de primeiro contato com o cliente, porém pelo menos o dobro que se paga numa empresa concorrente qualquer, e desta maneira o nosso atendimento certamente continuará sendo melhor que o dela!!!"

3. É essencial oferecer com freqüência bons treinamentos aos empregados.

De fato, é muito pouco o que as empresas têm oferecido de **reeducação** para os seus funcionários, em particular os talentosos.

Vivemos na chamada **era do capital intelectual** e esquecemos que entre 75% e 90% do que as pessoas aprenderam nas faculdades acabam sendo embutidos num microprocessador que custa algumas centenas de reais.

Além disso, não oferecemos o treinamento adicional necessário às pessoas talentosas para que intensifiquem a sua capacidade de criação.

E é incrível que os executivos principais das empresas estejam conscientes de quanto treinam os astronautas, os jogadores profissionais de golfe, os nadadores, os violinistas, os cirurgiões, os pilotos, etc.

Atualmente para se ter destaque e estar em condições de sobressair é necessário se preparar em cada vez mais tempo.

O setor de RH moderno deve oferecer aos empregados da firma um treinamento que permita que cada um seja o **"CEO de si mesmo"**, dono de boa parte de suas atitudes.

Esse programa de reeducação deve treiná-los não apenas na arte de aperfeiçoar os processos do negócio, mas também para serem capazes, num certo momento, de **desrespeitar** a forma como estão sendo feitas as coisas na organização.

4. Respeitar e recompensar o desempenho dos profissionais talentosos.

Sem dúvida a necessidade humana mais profunda é a de ser **apreciado**.

E os seres humanos mais talentosos, por sua vez, atrairão outros talentos para os lugares onde se sentirem apreciados...

Claro que consideração significa muitas coisas, como mais oportunidades, oferta de prêmios por desempenho, flexibilização do horário de trabalho para que se tenha tempo para a vida familiar, solução de problemas privados, etc.

Contudo, a característica principal da consideração é o respeito puro e simples pelo profissional talentoso.

Existem companhias que transpiram respeito e outras não...

As empresas que vão se sair sempre bem na "grande guerra por talentos" são aquelas que são **instituições reconhecedoras**.

5. Lidar adequadamente com a singularidade, com a juventude e a diversidade.

Principalmente no tocante aos indivíduos talentosos é essencial não classificá-los dentro de um grupo, pois cada um deles deve ser encarado como **totalmente único**!?!?

Afinal, todas as pessoas são únicas!!!

E deve-se mudar o paradigma: "um tamanho para todos" para "um tamanho para cada um".

Para se ter mais profissionais talentosos numa empresa não se deve ficar preso a limites de idade. Não existem mais jovens ingênuos ou ignorantes nas novas tecnologias.

Sabe-se que o tempo médio entre a confrontação inicial da criança com o computador, e ela de alguma forma conseguir entrar na Internet para começar a navegar não supera 14 minutos!!!

O grande físico e agraciado com o Prêmio Nobel, Richard Feynman, salientou há algumas décadas: "Não há nenhuma coincidência com o fato de que virtualmente todas as descobertas importantes em Física tenham sido feitas por gente com menos de 25 anos.

Quando você tem menos de 25 anos, não sabe o que não sabe!!!"

É a juventude que no século XXI dominará melhor toda a tecnologia de informação e comunicação (TIC), bem como as outras tecnologias realmente transformadoras.

Na era do capital intelectual precisamos estimular pessoas jovens que desde o início reajam, que estejam decididas a progredir depressa, que não fiquem impressionadas com as regras da burocracia corporativa.

As empresas que agirem dessa maneira viverão na **era da curiosidade recompensada**.

Deve-se também colocar os jovens em posições de liderança, pois liderança eficaz não é atributo só de pessoas mais maduras, basta lembrar os feitos de Alexandre, o Grande.

No século XXI os jovens amam os desafios, querem ser responsáveis bem mais cedo, são obcecados por desenvolver seu capital humano pessoal e anseiam por liberdade, independência e autocontrole.

Quem é fanático por incrementar o capital intelectual da sua organização – a força da nova economia – precisa ser também fanático por criatividade, o que em última instância significa privilegiar a diversidade.

Investir em diversidade significa aceitar mistura de pessoas e raças que fornecem todos os tipos de idéias, dentro de um ambiente de certa forma caótico e um pouco bagunçado.

A melhor forma de maximizar o efeito da diversidade é misturando idades, culturas e disciplinas.

Richard Florida, professor de Carnegie-Mellon e que tem escrito muito sobre o conceito de capital criativo, enfatiza: "Não se consegue ter uma empresa tecnologicamente inovadora, a menos que ela esteja aberta a esquisitices, excentricidades e diferenças."

A diversidade implica que nessa grande guerra pelos talentos não se pode se dar ao luxo de ignorar um pouco mais da metade (!?!?) do poderoso estoque de grandes talentos da humanidade, que é composto pelas mulheres.

Infelizmente, em muitas organizações as mulheres continuam sendo uma fonte de talento tremendamente negligenciado.

As mulheres estão cada vez mais representando um papel relevante na solução do "problema do talento".

Concluindo, a grande vantagem competitiva das empresas será o seu capital intelectual, o que tem tudo a ver com a presença de muitos talentos na organização.

Assim, o talento é importantíssimo, pois graças a ele a organização poderá apresentar sempre melhores propostas de solução, proposições de valor mais atraentes para os seus clientes e construir uma **marca amada**, que é o que vai lhe permitir **sobreviver no século XXI**!!!

Desenvolvimento

➡ **Como melhorar o cérebro de uma mulher?**
Segundo alguns médicos de distúrbios masculinos, lavando e esfregando bastante a cabeça da mulher.
Essas massagens são vitais para o cérebro feminino...

➡ **Como é possível melhorar o cérebro de um homem?**
É fundamental arrancar alguma coisa que faça com que ele pare de pensar em sexo.

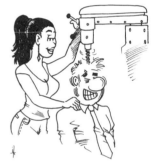

QUAIS SÃO OS ELEMENTOS PARA SE TER UM PROCESSO DE PESSOAL ROBUSTO?

No livro que Ram Charan escreveu com Larry Bossidy – que teve uma longa e excepcional carreira na General Electric, e que transformou a Allied Signal em uma das empresas mais admiradas do mundo –, cujo título em português é *Execução: A Disciplina para Atingir Resultados,* é dito: "O processo de desenvolvimento, avaliação e recrutamento de pessoal é mais importante do que os processos de estratégia e operações.
Afinal, são as pessoas de uma organização que fazem os julgamentos sobre como o mercado está mudando, criam estratégias com base nesses julgamentos e as traduzem em realidade operacional."

Na realidade, Ram Charan assessorou alguns dos mais bem-sucedidos CEOs do mundo, entre eles Jack Welch.

Ele é hoje um especialista dos mais requisitados, justamente pelas organizações que querem aperfeiçoar seus planos e estratégias de negócios.

Uma das suas ações mais importantes é implementar um eficaz processo de recrutamento, avaliação, desenvolvimento e retenção dos empregados.

Aliás, destacando de maneira simples, porém bem enfática: se o **processo de pessoal** não funcionar perfeitamente, a empresa **nunca** alcançará o pleno potencial do seu negócio.

Um processo de pessoal robusto faz três coisas: **avalia** as pessoas de forma precisa e profunda; **fornece um modelo para identificar os talentos** em termos de liderança – em todos os níveis e de todos os tipos – que a organização irá precisar para executar suas estratégias no futuro, e **prepara o surgimento de liderança**, que é a base de um plano de sucessão concreto.

Pouquíssimas empresas, infelizmente, atingem bem todos esses objetivos.

Uma das maiores falhas no processo de pessoal tradicional é que ele olha para trás em lugar de olhar para a frente, e enfoca a avaliação do trabalho que as pessoas estão fazendo hoje.

Muito mais fundamental é saber se as pessoas saberão fazer o trabalho de **amanhã!**

Um processo de pessoal sólido fornece um modelo consistente para determinar as necessidades de uma organização em termos de talento ao longo do tempo, e para planejar ações que atenderão a essas necessidades.

Ele é baseado nos seguintes elementos:

1º Elemento – Ligar as pessoas à estratégia e às operações. É vital logo no início do processo de pessoal ligá-lo às estratégias de curto prazo (0 a 2 anos), médio prazo (2 a 5 anos), e longo prazo (mais de 5 anos), e às metas de plano operacional.

Os líderes criam essa conexão certificando-se de que têm o tipo e o número certo de pessoas para executar a estratégia.

2º Elemento – Desenvolver o *pool* de liderança por meio de melhoria contínua, profundidade na sucessão e elevação da taxa de retenção dos talentos.

Alcançar marcos de médio e longo prazos depende basicamente de um *pool* de líderes promissores, capazes de ser promovidos.

É imprescindível a alta administração da empresa saber avaliá-los hoje e decidir o que cada líder precisa fazer a fim de estar pronto para assumir maiores responsabilidades.

O diálogo resultante dessa avaliação revelará a adequação do *pool* de liderança em termos de qualidade e quantidade. Nada é mais especial para a vantagem competitiva de uma organização.

3º Elemento – Lidar com aqueles que têm mau desempenho.

Até mesmo o melhor processo de pessoal nem sempre consegue as pessoas certas para os cargos certos, e não é capaz de fazer com que todas tenham um bom desempenho.

Alguns gerentes foram promovidos além de suas capacidades e precisam ser colocados em cargos menos exigentes.

Outros precisam simplesmente ser dispensados.

O teste final do processo de pessoal se constitui na eficácia com que distingue esses dois tipos e como os líderes lidam com as medidas difíceis que precisam tomar.

4º Elemento – Conectar os recursos humanos (RH) aos resultados do negócio.

O setor do RH tem um papel vital na cultura de execução, e assim precisa estar integrado ao processo do negócio.

Precisa estar ligado à estratégia, às operações e às avaliações que o pessoal de linha faz dos funcionários.

Nesse seu importante papel (e novo em algumas empresas), o RH tem de colocar ênfase no recrutamento, errando o menos possível na escolha, ou seja, na contratação dos profissionais talentosos que vão fazer a organização progredir.

As pessoas certas estarão nos cargos certos quando a informação sobre o desempenho dos indivíduos é coletada constantemente, e os líderes também conhecem as pessoas, como trabalham juntas e se elas produzem resultados ou não.

É a coerência da prática que cria o conhecimento na avaliação e seleção das pessoas certas.

O processo de pessoal começa com avaliações individuais, mas quando desenvolvido e praticado como um processo total torna-se incrivelmente eficaz como uma ferramenta de execução.

Como estão esses elementos na sua empresa? Não estão sendo valorizados? Bem, aí talvez esteja a explicação plausível do porquê a qualidade total na sua organização não é primorosa, certo?

COMO MELHORAR O ASPECTO DA SUA MULHER?

Dieta Saudável

A IGNORÂNCIA OU O DESCONHECIMENTO LEVA CADA INDIVÍDUO A TER UMA OPINIÃO DIFERENTE

Um repórter estava conduzindo uma pesquisa sobre alimentação em diversas nações.

Ele começou a sua pesquisa nos Estados Unidos, e perguntou a uma pessoa que passava na rua:

– Qual é a sua opinião sobre a falta de alimentos no mundo?

O norte-americano, um tanto confuso respondeu:

– O que é **falta**?

Continuando a sua pesquisa inocente, a sua próxima parada foi numa nação muito carente e oprimida pelo horror da fome na África.

O repórter inquiriu:
- Qual é a sua opinião sobre a falta de alimentos no mundo?
E o indivíduo faminto, como se poderia prever, respondeu:
- Que é **alimento**?
O terceiro lugar visitado foi um país sufocado por um regime ditatorial, e lá o repórter perguntou a uma pessoa que estava numa longa fila para conseguir comida.
- Qual é a sua opinião sobre a falta de alimentos no mundo?
Tendo sido despojada de toda a individualidade, a pessoa murmurou, perplexa:
- Que é **opinião**?
Finalmente, o frustrado repórter foi parar no Oriente Médio e interrogou um maltratado indivíduo que ia para o seu trabalho.
- Qual é a sua opinião sobre a falta de alimentos no mundo?
Gesticulando desordenadamente, esse habitante, que não era do sexo feminino, nervosamente contrapôs:
- Que é "qual é"?
Pois é tem lugares do mundo que não dá nem para concordar sobre a pergunta.
Aliás, recentemente, foi permitido que no Irã as mulheres assistissem a uma partida de futebol, o que era proibido até 2006...
Bem, como estamos no Brasil, onde temos inclusive o *Programa Fome Zero*, podemos agora falar sobre dieta saudável...

VOCÊ SABE O QUE É UMA DIETA SAUDÁVEL?

Para ter uma resposta convincente basta ler Ian Marber.
Ian Marber é o autor do livro *Dieta Saudável – Como Perder Peso e Ficar Sempre em Forma* no qual, com receitas de dar água na boca, oferece também ao leitor um plano nutricional prático que possibilita perder peso sem arriscar a saúde.
Com a "dieta dos sete dias" de Ian Marber, que é um dos maiores especialistas do Reino Unido em processo digestivo, formado no Institute for Optimum Nutrition, todo aquele que ler o seu livro acaba aprendendo dez princípios básicos que pode introduzir no seu cotidiano.
Dessa maneira, ao contrário das dietas que entram na moda de tempos em tempos, o método de Ian Marber permite que você aprenda a ficar sempre em forma, mantendo sua saúde e os prazeres da vida.

Diz no seu livro Ian Marber: "Minha carreira como nutricionista envolve desde dar consultas individuais e *workshops* até escrever artigos em jornais e revistas, e participar de programas de TV e rádio.

Por isso, sei que a primeira pergunta que as pessoas sempre fazem é: 'Como posso perder peso?'

E aí lhes recomendo a "dieta de sete dias", que se fundamenta nos seguintes dez princípios:

1º Comer proteínas com carboidratos complexos.

Alguns alimentos são convertidos em glicose mais rápido, ao passo que outros demoram mais tempo.

Ao se combinar os alimentos certos, você ficará cheio de energia e ainda será capaz de perder peso.

2º Manter-se sempre bem hidratado.

Todos sabem que é importante beber bastante água, e você deve procurar beber ao menos seis copos grandes, ou mais, de água por dia.

A água é a melhor coisa para matar a sede, pois as outras bebidas só podem matar a sede na medida da proporção de água que contêm.

3º Comer uma grande variedade de alimentos.

Se você vive brigando com a balança, é possível que alguns alimentos tenham se tornado 'proibidos', enquanto outros passaram a ser considerados 'seguros'. Isso tende a limitar a variedade de alimentos que você deve comprar para apenas aqueles que o farão sentir-se mais saudável.

4º Alimentar-se com freqüência.

Cada indivíduo deve estar ciente de que não são apenas os tipos de alimentos e as quantidades que são importantes, mas também quanto cada um come e quantas vezes por dia.

5º Não deixar de tomar o café-da-manhã.

É essencial que, ao iniciar cada dia, você tome um café-da-manhã saudável.

6º Evitar de todas as formas possíveis o açúcar.

O açúcar é tão responsável pelo aumento de peso quanto a ingestão de gordura.

Qualquer pessoa se beneficia enormemente no tocante ao controle da obesidade quando elimina (ou reduz drasticamente) o consumo de açúcar na sua dieta.

7º Fazer exercícios físicos é vital.

Um programa de perda de peso não terá muito êxito se uma pessoa não fizer exercício.

Mas exercitar-se e comer alimentos errados não resulta em um estilo de vida saudável.

Mesmo com a agenda lotada, qualquer um pode arrumar tempo para outras coisas, e neste sentido reservar um período diário para fazer exercícios físicos deve ser a prioridade de cada indivíduo.

8º Seguir a regra 80:20.

Talvez você já tenha seguido dietas no passado, que giravam em torno da idéia de se ter 100% do tempo voltado ao plano prescrito.

O problema é que está em nossa natureza abrir certas exceções, ou então, em função do trabalho de cada um, ser forçado a comer em ambientes que impedem seguir um plano alimentício.

É aí que se torna importante a **regra 80:20**, ou seja, que 80% não se desvie de forma alguma do 'plano da dieta saudável', e umas duas ou três vezes por semana 'flexibilize', comendo algo que não deveria devido a situações especiais em que se envolve...

9º Arrumar tempo para comer.

Comer é um ritual social essencial, e ao mesmo tempo prazeroso, mas que se tornou desvalorizado. *Fast-foods* ou refeições prontas e rápidas eliminaram a importância de sentar-se à mesa e usufruir um almoço ou jantar. Então, arranje tempo para comer sossegado...

10º Comer gordura para perder gordura!!!

Se você conta calorias, deve ver a gordura como **inimiga**.

Entretanto, apesar de a gordura acumulada no corpo e a dos alimentos parecerem similares, elas são bem diferentes: as gorduras essenciais, presentes em muitos alimentos, são cruciais para o bom funcionamento do organismo."

Como você nota, não é preciso se tornar um especialista em nutricionismo, nem pesar a comida. Na dieta saudável de Ian Marber nenhum grupo de alimentos foi excluído, e o melhor de tudo, **sempre há espaço para trapacear um pouco!?!?**

Você vai tentar se aprofundar no tema, não é?

Claro que sim, pois dessa maneira, de forma alegre, descontraída e bem-humorada poderá melhorar demais a qualidade de sua vida!!!

Empreendedorismo 1

O HORRÓRSCOPO DE UM EMPREENDEDOR.

Hoje alguém no lugar de ajudá-lo irá apoiar-se no seu ombro...

Um erro de formulação poderá de manhã fazê-lo flutuar...

Essa noite você saberá que não está sozinho!?!?

Essa tarde o seu extremo individualismo, audácia e agilidade será enfim notado por alguém...

O sarcástico, porém muito sutil e inteligente Arnaldo Jabor, criou os seguintes tipos que floresceram na lama da política nacional, principalmente em 2005, quando uma crise no partido do presidente da República, provocou no País, um grave assalto à saúde mental de milhões de brasileiros pois não se quis acabar apenas com a democracia, mas, inclusive, se introduzir o *double think* (pensamento dúbio) em que "amor" quer dizer "ódio", "guerra" quer dizer "paz", "verdade" quer dizer "mentira" e assim por diante.

Eis um trecho da lista que Arnaldo Jabor fez das mutações de homens e coisas, que certamente fizeram muitos rir mas também fizeram nossa história andar para trás:

Revolucionários corruptos — Indivíduos militantes que são um cruzamento de Lenin ou Stalin com ladrão de galinha.

Malandro-agulha — Tradicional apelido carioca daqueles que tomam no buraco, mas não perdem a linha. Agora são os milhões de eleitores que continuam acreditando...

Falsos malandros — Corruptos que pegaram "mensalão" sem saber o que havia no envelope. Nem abriram, coitados!!!

Bancos do amor — Bancos que emprestam US$ 30 milhões sem aval, sem motivo, e que não cobram a dívida!?!?

Torturados numa boa — Gente que levou umas porradas na ditadura (ou não levou nada) e que agora ganha pensão da União.

Juízes do amor — Magistrados que se emocionam com a tristeza dos condenados de elite e que choram ao vê-los em cana, com o "povão" sujo que morre de tuberculose (e outras coisas...) na prisão.

Cínicos sinceros — Aquelas pessoas que choram em depoimentos

Cínicos felizes — Aqueles indivíduos que riem em depoimentos.

Os homens do "não" — Só sabem negar. Nunca ninguém fez nada. Tudo que eles "não dizem" é a verdade. Para descobrir os fios da meada, é só virar seus depoimentos ao avesso.

Denuncistas irresponsáveis — Segundo o presidente Lula, todas as pessoas que contam verdades sobre os crimes cometidos.

Homens-pizza — Apagam qualquer conflito, em nome da governabilidade. Homens-mozarela, homens-calabresa, homens-margherita e homens-catupiry.

Presidente-lula — Muda de cor como as lulas, engorda, emagrece e vive escondido nos buracos fingindo que não conhece nem tubarões nem predadores.

Cretinos fundamentais — Nós.

Num ambiente com essas personagens não é nada fácil ser um empreendedor ético, persistente e feliz.

Mas vamos lá...

PARA EMPREENDER INICIALMENTE DEVE EXISTIR A LIBERDADE.

O super engraçado e sarcástico Millôr Fernandes tem as seguintes idéias sobre **liberdade**.

1ª Idéia – Só existe um modo de ser livre: ser o opressor.

2ª Idéia – O escravo, quase sempre, é o colaborador de sua escravidão.

3ª Idéia – A Constituição, que institui que todo homem tem direito à liberdade, não conhece o homem padrão. Ele tem que ser obrigado à liberdade.

4ª Idéia – Ninguém pode nos dar liberdade. Mas qualquer um pode tirar, a começar pelos pais, trazendo-nos ao mundo em condições inadequadas.

5ª Idéia – A liberdade absoluta só existe em momentos-limite, quando não se tem mais nada a perder.

6ª Idéia – Com liberdade total o mais forte domina o mais fraco em nome de sua liberdade, o mais inteligente espezinha o mais ignorante em nome de sua inteligência, o mais belo seduz mais em detrimento do fisicamente destituído.

Benjamin Franklin, ao fazer o lema da Revolução Francesa: **"Liberdade, Igualdade e Fraternidade"**, utilizou o elemento conciliador e humanístico fraternidade, para sugerir um equilíbrio impossível no paradoxo **liberdade x igualdade**. O que você acha dessas idéias de Millôr Fernandes.

Geniais, sem dúvida como quase tudo o que ele tem escrito com um humor extraordinário, de alta qualidade."

E agora você já está apto para saber melhor do que precisa para empreender, não é?

QUE TIPO DE SISTEMA DE APOIO PRECISA ALGUÉM QUE QUER EMPREENDER?

É indiscutível que um empreendedor precisa de um forte apoio e de um sistema de aconselhamento em todas as etapas da abertura de um novo empreendimento.

Claro que o sistema de apoio é muito mais importante durante a fase inicial, pois o empreendedor é carente de boas informações, precisa de conselhos e orientação sobre diversos assuntos, como estrutura organizacional, obtenção de recursos financeiros necessários, *marketing* e segmentos de mercado.

Como o empreendedorismo desempenha um papel que faz parte de uma contexto social, é forçoso que o empreendedor estabeleça conexões com esses recursos de apoio logo no início do processo de formação de um novo empreendimento.

Quanto mais freqüente, profundo e mutuamente benéfico for um relacionamento, mais forte e mais durável será a rede entre o empreendedor e as outras pessoas.

Embora a maioria das redes de apoio não seja formalmente organizada, uma rede informal para apoio moral e profissional é extremamente benéfica para o empreendedor.

Entenda-se por uma rede de apoio moral aquela constituída por indivíduos que dão apoio psicológico a um empreendedor.

Fazem parte geralmente de uma rede de apoio moral os familiares e amigos – **uma espécie de torcida organizada.**

Essa torcida tem um papel significativo durante vários momentos difíceis e solitários que acontecem ao longo do processo de empreender.

A maioria dos empreendedores indica que são os seus cônjuges os maiores apoiadores, mas os amigos também desempenham um papel-chave na rede de apoio moral.

Eles não só podem dar conselhos que muitas vezes são mais honestos do que os recebidos de outras fontes, como também oferecer estímulo, compreensão e até mesmo assistência.

Mas além do incentivo moral, o empreendedor precisa de orientações no decorrer do estabelecimento da nova empresa.

Esses conselhos podem ser obtidos de um mentor, de consultores, de associados, de associações comerciais ou de afiliações pessoas – todos eles integrantes de uma rede de apoio profissional.

Um relacionamento **mentor-protegido** é uma excelente forma de garantir o aconselhamento profissional necessário, bem como para constituir uma fonte a mais de apoio moral.

Quase todos os empreendedores dizem que tiveram mentores.

E aí surge a questão: **como é que se encontra um mentor?**

A tarefa pode à primeira vista parecer muito mais complicada do que realmente é.

Como o mentor é um instrutor, um treinador, um defensor, ou seja, alguém com quem o empreendedor pode compartilhar problemas e sucessos – o indivíduo escolhido de preferência deve ser um especialista no ramo.

É evidente que o empreendedor pode começar o "processo de busca de um mentor", preparando uma lista de especialistas em vários campos – como nas atividades básicas de finanças, *marketing*, contabilidade, criatividade, direito e administração, etc. – que podem suprir o aconselhamento necessário.

Naturalmente a partir dessa lista, o empreendedor pode selecionar e inclusive contratar a pessoa que lhe dará a ajuda requerida.

Caso o indivíduo escolhido estiver disposto para atuar como mentor, ele deverá ser periodicamente informado do progresso do negócio, de tal forma que um relacionamento possa ser desenvolvido.

Pode-se também estabelecer uma outra boa fonte de aconselhamento, constituindo uma rede de associados ao negócio.

Esse é um grupo bem amplo que pode ser composto de indivíduos autônomos que tenham a experiência de iniciar um negócio; clientes ou compradores do produto ou serviço do empreendimento; especialistas, como consultores, advogados ou contadores, e os fornecedores.

Obviamente os clientes ou compradores são um grupo particularmente valioso a cultivar.

Esse grupo representa a fonte de ganhos do negócio, e sem dúvida é o melhor provedor de propaganda ou publicidade boca a boca.

Não há nada melhor que a propaganda feita por clientes satisfeitos para ajudar a firmar a reputação de uma empresa.

Se os clientes ficarem de fato entusiasmados com a preocupação do empreendedor no sentido de que o seu produto e/ou serviço atenda às suas necessidades, eles fornecem um *feedback* (realimentação) decisivo sobre o atual produto (serviço) e têm condições de sugerir idéias sobre novos produtos ou serviços que estejam sendo desenvolvidos.

Os fornecedores são um outro componente importante na rede de apoio profissional, pois auxiliam a estabelecer credibilidade com credores e clientes.

Todo novo negócio precisa ganhar a confiança dos fornecedores, e com isto garantir a adequada disponibilidade de matéria-prima.

Os fornecedores também podem oferecer boas informações sobre a natureza e tendências do mercado, bem como sobre a concorrência no setor.

Além dos mentores e dos associados ao negócio, as associações comerciais podem ser uma excelente rede de apoio profissional.

Os membros da associação comercial podem fazer parte de uma rede regional ou nacional e "cuidadosamente" cultivados servem para ajudar a manter a competitividade do novo empreendimento.

As associações comerciais acompanham a evolução dos novos empreendimentos e podem fornecer dados e informações primordiais sobre o setor.

Finalmente, as afiliações pessoais do empreendedor também podem ser uma parte preciosa de uma rede de apoio profissional.

As afiliações desenvolvidas com pessoas através de *hobbies* (passatempos) comuns, participações em eventos esportivos, clubes, ações cívicas e grupos de ex-colegas de faculdade (ou escola) são excelentes fontes de referências, conselhos e informações.

Todo empreendedor necessita criar uma rede de apoio moral e uma rede de apoio profissional.

Esses contatos oferecem confiança, amparo, conselhos, dados e informações.

É totalmente válida a declaração de um empreendedor anônimo: "Muitas vezes na própria empresa, você está completamente sozinho, até pelo tamanho dela...

É por isso que existe a necessidade imperiosa de estabelecer grupos de apoio para compartilhar problemas e obter suporte quando for necessário para o novo negócio."

Começar a operar um novo negócio envolve considerável risco e esforço para que seja superada a inércia contra a criação de algo novo.

Ao criar e desenvolver uma nova empresa, o empreendedor assume a responsabilidade e os riscos por seu desenvolvimento e sobrevivência e usufrui das recompensas correspondentes. Quem quiser uma compreensão completa do processo de criar e desenvolver um novo empreendimento não pode deixar de ler *Empreendedorismo,* um livro de autoria de Robert D. Hisrich e Michael P. Peters, provavelmente um dos textos mais completos sobre o empreendedorismo em língua portuguesa.

UM EMPREENDEDOR ESTRESSADO, DIFICILMENTE SABE O RUMO CERTO PARA O QUAL DEVE LEVAR O SEU NEGÓCIO E AÍ PARECE QUE ESTÁ LIDANDO APENAS COM A SORTE...

Empreendedorismo 2

COMO É POSSÍVEL UM EMPREENDEDOR CRIAR VALOR PARA OS CLIENTES BASEANDO-SE EM APENAS SEIS ESTRATÉGIAS?

Uma coisa que um empreendedor não deve esquecer nunca é que no século XXI os negócios são cada dia mais difíceis e que o mercado está cheio de clientes cada vez mais sofisticados e exigentes.
O empreendedor "antenado" é aquele que entendeu corretamente duas coisas:
1. Todo mundo acredita que seu negócio é único.
2. Todo mundo está errado!

É até difícil para um empreendedor genial achar que o seu negócio é totalmente diferente.

Porém, numa coisa todo negócio é o mesmo, visto que o **negócio de cada negócio é criar valor!!!**

Os negócios são cada vez mais difíceis hoje, pois os empreendedores estão procurando obter sucesso comercial em um mercado cada vez mais competitivo e saturado, onde os clientes têm escolhas que nunca tiveram antes.

Por exemplo, uma coisa de que os brasileiros gostam tanto que é comer uma *pizza* no jantar, eles podem optar por uma das seguintes alternativas:

➡ fazer uma (preparar a massa e o recheio, ou comprar uma mistura pronta...);
➡ comprar no supermercado (congelada ou fresca);
➡ encomendar na pizzaria (comer lá ou pedir para entregar em casa);
➡ comprar numa loja de conveniência ou num bar.
Etc.

Os clientes têm tantas escolhas porque o mercado é global. Graças à moderna tecnologia e ao comércio livre, os consumidores não precisam mais ficar restritos ao que existe na sua cidade e podem ter o que há de mais recente e melhor no mundo. O exemplo mais evidente é a compra de livros *on-line*, destacando-se evidentemente a livraria virtual Amazon.

Uma pessoa que é especialista em atendimento é Ian Brooks. Ele escreveu diversos livros sobre administração e o bom atendimento aos clientes.

No seu livro *Ganhando Mais – Como Criar Valor para Você e sua Empresa* ele destaca que os clientes hoje estão cada dia mais bem informados e são bem mais sofisticados que dez anos atrás. Por isso, eles perdoam menos, são menos tolerantes e menos leais.

Eles – os clientes – sabem que têm a força para criar uma grande turbulência nas empresas, inclusive inviabilizando a sua existência, bastando não comprar mais os produtos/serviços de uma organização.

Entretanto, se conduzidos adequadamente, os negócios criam os seguintes vencedores:

➡ o **empreendedor**, seus sócios e sua equipe, que são recompensados por terem criado valor;
➡ os **clientes**, que obtêm o valor que procuram;
➡ os **fornecedores**, que sabem produzir e entregam a matéria-prima que os empreendedores precisam nos seus negócios;
➡ a **comunidade**, que vê novos empregos criados e serviços fornecidos, tudo por uma empresa socialmente responsável, que entre outras coisas se preocupa com o meio ambiente e as pessoas que vivem nele;
➡ os **concorrentes**, que também se beneficiam, pois são obrigados a melhorar o seu desempenho para poder sobreviver!!!

Segundo Ian Brooks, as seis estratégias que todo empreendedor deveria procurar implementar no seu negócio, se desejar realmente, no mercado em que atua, criar valor superior para os seus clientes, são as seguintes:

1ª Estratégia – Focalize o valor.
Se um negócio é a arte de criar valor, então todos, em sua empresa, devem entender o conceito de valor, e tudo o que você faz deve ser orientado para criar valor aos olhos de seus clientes.

Valor pode ser expresso com uma fórmula muito simples:

> **Valor = Benefício – Custo**

Enquanto seus clientes considerarem os benefícios que recebem maiores do que o custo que eles pagam, **vão acreditar que recebem valor**.

Essa fórmula é simples e poderosa, e se o empreendedor adotá-la como princípio ela vai ajudá-lo muito para despontar no mercado, e quem sabe para que o seu negócio se torne o Nº1.

2ª Estratégia – Competir quanto ao valor, não quanto ao preço.
O empreendedor criativo precisa resistir o mais que puder à tentação de competir apenas na base de preços. Deve aceitar que, na melhor das hipóteses, esta é uma estratégia inadequada, e na pior, pode ser um caminho suicida para ele e também para os concorrentes que procurarem imitá-lo.

Repetindo, o empreendedor não deve esquecer que se ele só diz: "Preço, preço, preço" o tempo todo, é só isto que os clientes vão considerar importante.

Para vencer a competição, o empreendedor deveria focalizar mais os benefícios que fornece *versus* os custos que os seus clientes pagam por eles.

3ª Estratégia – Olhar o que é oferecido com os olhos dos clientes.
Visto que o valor existe apenas ou principalmente para os olhos de seus clientes, o empreendedor deve aprender a ver o mundo por meio dos olhos deles. A maior parte das pequenas empresas busca hoje fazer isso, ou seja, procura medir a satisfação dos seus clientes e tenta conhecer as suas deficiências através das respostas dadas pelos consumidores.

4ª Estratégia – Fazer seus clientes terem sucesso.
Atualmente satisfazer os clientes não é mais o suficiente, porque clientes que estejam "apenas satisfeitos" desertam para os competidores em uma taxa assustadoramente alta.

Para que isso ocorra em menor proporção é preciso trabalhar para que os clientes tenham sucesso.

E os passos para ter um cliente bem-sucedido são:
1. Seguir a filosofia de que, se seu cliente ganha, o seu negócio também ganha.
2. Ter consciência de quem são seus clientes importantes.
3. Construir relacionamentos com seus clientes.
4. Tornar-se parte do negócio de seus clientes.
5. Falar com os clientes de seus clientes.

5ª Estratégia – Reduzir os custos.
Para competir e vencer num mercado cada vez mais abarrotado, o empreendedor precisa ter um negócio que ofereça baixo custo, porém em vez de reduzir o preço deve buscar diminuir os outros custos básicos (instalação, assistência e manutenção, etc.) que o cliente paga pelos seus produtos e/ou serviços.

Não se pode esquecer, principalmente no século XXI, que as pessoas pagam um alto preço, quando têm que investir tempo, para comprar os produtos e/ou serviços do negócio do empreendedor. Quanto mais rápido o empreendedor puder fazer suas transações, mais valor vai agregar para os clientes.

6ª Estratégia – Dar aos clientes sempre algo extra.
Além de procurar continuamente baixar os custos no seu negócio, o empreendedor criativo é aquele que consegue constantemente aumentar os benefícios dos produtos e/ou serviços que oferece aos seus clientes.

É vital que se entregue sempre algo extra – **sem custo** – para os clientes, encantando-os dessa maneira. Realmente os "deleites" animam e impressionam muito os clientes...

Caro leitor empreendedor, se você quer alcançar excelência no atendimento, ver o seu negócio prosperar, criar valor para os seus clientes e assim tornar-se líder do seu nicho de mercado, aplique as seis estratégias recomendadas por Ian Brooks.

Estratégia

Essa é a estratégia que o departamento de trânsito de um certo país utiliza para punir, todos os motoristas que não prestam atenção na sinalização...

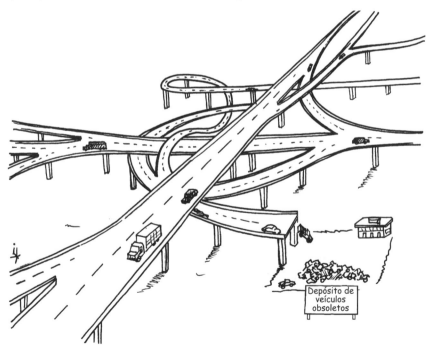

Uma forma criativa para acabar com os carros velhos!!!

> **REFLEXÕES ESTRATÉGICAS PARA ESQUENTAR A MEDITAÇÃO SOBRE O ASSUNTO.**
>
> ➡ Atrás de um grande homem existe uma grande mulher. Atrás de uma grande mulher seguramente estão vários homens... todos **excitados**.
> ➡ A inatividade sexual é perigosa: produz cornos.
> ➡ Existem duas maneiras de ser feliz nesta vida: uma é fazer-se de idiota. A outra é sê-lo.
> ➡ Não se esqueça de que Deus o ama apesar de todos os outros continuarem pensando que você é um imbecil.
> ➡ O problema com os pessimistas é que eles têm razão a maior parte das vezes!?!?!
> ➡ Não esqueça: hoje é o último dia de algo interessante em sua vida.
> ➡ Querido leitor discípulo: se vai pecar, seja pelo menos original!!!

QUAIS SÃO OS 4Cs (OU 4Is) VITAIS QUE TODOS OS ESTRATEGISTAS DEVEM LEVAR EM CONTA?

A melhor pessoa para responder isso certamente é Kenichi Ohmae, intitulado de *Mr. Strategy* e eleito recentemente pela famosa revista *The Economist* como um dos cinco maiores gurus de *management* (gestão) do mundo.

Kenichi Ohmae é autor de mais de 100 livros, entre os quais estão os *best-sellers*: *O Estrategista em Ação: A Arte Japonesa de Negociar; O Poder da Tríade; Além das Fronteiras Nacionais; O Fim do Estado-Nação* e *O Continente Invisível*.

Kenichi Ohmae foi sócio da McKinsey & Company Inc. por 23 anos e tem feito consultoria estratégica para as mais respeitadas empresas do mundo.

Ele ressalta: "Vivemos uma economia sem fronteiras e por isto os estrategistas têm necessidade imperiosa de não esquecer as quatro forças fundamentais, ou seja, os 4Cs ou 4Is, a saber:

➡ Comunicação/Informação.
➡ Capital/Investimento.
➡ Corporação (ou Companhia)/Indústria.
➡ Clientes (ou Consumidores)/Indivíduos.

A nova economia global veio para ficar para sempre e nela há o intercâmbio maciço de capital, o que é feito através de fronteiras em nanossegundos.

Nestes últimos anos nasceram, a partir de 1977, muitos "Godzillas" empresariais nos EUA, que abalaram a economia mundial, e entre eles estão as seguintes empresas: Oracle, Sun Microsystems, Dell Computer, Cisco Systems, CNN, a Microsoft com seu Windows Versão 1 (1985), Amazon, E-Bay, Yahoo!, etc.

Graças a elas surgiu o conceito da empresa virtual unitária, que está forçando as corporações a migrarem para uma atuação em rede.

O *e-commerce* agora é lucrativo e tem-se hoje em dia desde leilões *on-line* até corretores de títulos via Internet.

Vários produtos novos e modernos estão com suas vendas em decadência ou até em vias de desaparecer, como é o caso das câmeras de filme em relação às câmeras digitais, ou então os CD *players* que estão perdendo dia-a-dia terreno para os aparelhos de reprodução de dados musicais.

Atualmente todas as regiões prósperas tomam emprestados os 4Cs do **resto do mundo**.

Assim, a China tem atraído o investimento direto estrangeiro em virtude de seu mercado (muitos milhões de clientes), de sua mão-de-obra barata e da quantidade de cidades que possui com mais de 1 milhão de habitantes (mais de 170).

Os países mais desenvolvidos têm feito uma intensa transferência de empregos através de fronteiras pelo telefone ou via Internet, e um exemplo claro disto são os *clusters* (agrupamentos ou conglomerados) de atividades de *back-office* (onde se faz liquidação, compensação, contabilização e custódia de operações financeiras) de um grande número de empresas européias e dos EUA, na Índia, na Austrália, na China, em Cingapura, na Irlanda e Holanda, e até no Brasil.

Realmente essas centrais de atendimento (*call centers*) chegam a custar de 40% a 80% menos que nos países onde estão as matrizes das organizações.

Neste início do século XXI, a marca é a única coisa capaz de prender ou privilegiar clientes com o produto, isto significando que **marcas locais** dificilmente conseguirão sobreviver diante das **marcas globais**, pois a mídia tornou-se global.

O ruim para muitas nações é que alguns poucos países são os detentores das marcas mais importantes do mundo, sendo que num levantamento feito no final de 2003, os EUA possuíam 62 das marcas mais valiosas do planeta, seguidos pela França, Japão, Alemanha e Reino Unido, com respectivamente 7, 7, 6 e 5 das marcas mundiais mais importantes.

Para ser competitiva em nível global, uma empresa precisa ter o menor custo possível, ter o menor prazo para chegar com o seu produto/serviço ao mercado e poder assim cobrar o maior preço possível.

Concluindo, lembro que no '**continente invisível**', ou seja, num mundo sem fronteiras, o **cliente** vê mais valor quando recebe uma solução pronta, consegue economizar tempo e sofre algum impacto ou experiência emocional com o produto que adquire; o **concorrente** é contido mais facilmente através do estabelecimento de alianças estratégicas e a **companhia** deve se organizar em rede, vale dizer, tornar-se uma empresa virtual unitária tendo escala e alcance globais, não conservando nenhum tipo de preconceito ou impedimento para usar a força de trabalho de baixo custo de outras partes do mundo, como é o caso do Vietnã, da Indonésia, Tailândia, México, China, Índia, etc."

COMO PROCEDER PARA DAR UM SALTO PARA O SUCESSO?

Evidentemente toda pessoa gostaria de dar um **"salto para o êxito"**, realizando as suas metas ou objetivos econômicos, familiares, intelectuais, espirituais e até físicos (emagrecer, por exemplo).
Mas o problema é que a maioria dos seres humanos não conhece (ou não encontra) a forma para viabilizar isso.
E o pior, continua vivendo apoiand-se o em justificativas ou desculpas do tipo: "Só conseguirei isto se Deus quiser."

É claro que Deus sempre quer o melhor para as pessoas, porém se alguém quer crescer em qualquer campo deve aceitar que cabe a ele próprio em 100% construir o plano que lhe permita chegar ao sucesso.

Devemos abandonar as desculpas de que não atingimos o êxito devido ao sistema empresarial globalizado, ao governo, à política econômica, à falta (ou excesso...) de amigos, etc.

A maior culpa por não termos o sucesso almejado cabe a nós mesmos, e é por isto que estamos apresentando aqui um plano de ação inicial que contempla o crescimento pessoal fundamentando-se em fatores essenciais do ser humano como: o ser intelectual, o ser familiar, o ser espiritual, o ser recreativo e o ser financeiro.

Todos eles são importantes.

É mais ou menos como se numa empresa se reunissem os gerentes de cada área.

Todos eles também são importantes e é difícil pensar no crescimento de uma organização se algum deles deixar de administrar o seu setor.

Para que você possa preencher sua mente com pensamentos positivos, sabendo como se comportar no ambiente familiar, como aproveitar o seu tempo livre, como planejar os seus gastos e as suas receitas, como analisar suas crenças espirituais e como caracterizar o seu desenvolvimento intelectual, aí vão alguns questionários e sugestões que lhe permitirão construir o seu plano de ação **rumo ao êxito.**

No tocante ao seu **ser familiar**, é indispensável auto-avaliar-se nos seguintes aspectos:
1. Escreva três qualidades da sua esposa (ou companheira) ou do seu esposo (companheiro).
2. Descreva aquilo de que mais gostava quando conheceu a sua esposa (o).
3. Descreva o momento mais romântico que passaram juntos.
4. O que é que mais gosta no sentido de humor do seu (sua) parceiro (a)?
5. Descreva cinco coisas positivas que os outros dizem da sua (seu) esposa (o).
6. Escreva agora três sonhos de sua (seu) esposa (a).

E agora responda às seguintes perguntas, pontuando-as de 1 (nunca) até 5 (sempre).

Caso você não esteja entre esses extremos, poderá também optar por 2 (às vezes), 3 (50% do tempo), ou 4 (freqüentemente).

Daqui para a frente imaginaremos que o teste de auto-avaliação é feito por um homem, porém, caso seja por uma mulher, basta alterar onde for necessário, o sexo da pessoa.
1. Você agradece à sua esposa o trabalho que ela faz em casa?
2. Você lhe pergunta como ela se sente e a escuta quando volta para casa?
3. Você realiza um esforço adicional para ficar atento às reclamações de sua esposa quando ela teve um dia cheio de desencontros?
4. Ao chegar em casa você abraça e saúda carinhosamente a sua esposa?
5. Você convida sua esposa para sair para jantar fora em dias úteis?

6. Você agradece à sua esposa quando nota que ela está fazendo algo para atenuar a sua carga de trabalho?
7. Está disposto a tentar fazer coisas novas que interessam à sua esposa, mas que não lhe são atraentes?
8. Apenas para evidenciar o seu amor, você faz em certas ocasiões coisas que são de responsabilidade de sua esposa?
9. Você faz de tudo para que os familiares de sua esposa se sintam à vontade quando lhe fazem uma visita?
10. Você conversa com sua esposa sobre suas atividades no seu trabalho?

Bem, a pontuação máxima é de 50 pontos.
Quanto é que você obteve?
Você acha esse valor baixo?
Então já tem muitas indicações do que fazer para melhorar o seu **ser familiar**.
Vejamos agora o seu **ser recreativo**.
Para muitas pessoas, só o fato de terem que ir ao trabalho já lhes causa depressão.

Hoje em dia, estudos comprovam que as pessoas mais felizes e saudáveis não são as que fazem dieta e exercícios regularmente, mas as que sabem desfrutar cada atividade da sua vida tanto no campo profissional como no pessoal-familiar.

É conveniente assim que você faça a seguinte auto-avaliação: elabore uma lista de 20 ações ou de coisas que realmente gosta de fazer e que o tornam feliz por estar vivo...

A cada uma dessas atividades agregue uma letra, seguindo o seguinte procedimento:
P – se para isto precisa de ajuda de outras pessoas;
D – se isto implica um gasto superior, digamos, a R$ 1.000,00.
Escreva também a data quando fez isto pela última vez.

Você seguramente irá se espantar quando no final perceber que não se diverte com muitas coisas que não necessitam de dinheiro (ou até que a quantia é irrisória).

Além disso, você notará que gosta de muitas atividades, mas que não as pratica há muito tempo.

Trate em seguida de analisar a sua diversão sem a presença de ninguém, aquela que desfruta com a sua família, e as ações que necessitam de outras pessoas (de preferência dos seus amigos).

É fundamental que você descubra onde existe excesso ou falta e procure combinar o seu tempo de lazer de maneira equilibrada.

Pense em explorar outras áreas para a sua distração e diversão, principalmente se isto puder lhe proporcionar um tempo maior para estar com a sua família.

Sem dúvida, para que o seu ser recreativo fique no ápice, a melhor receita é que você esteja feliz e alegre no ambiente familiar.

No tocante ao seu **ser financeiro**, o primeiro passo é você aceitar que está na situação em que se encontra hoje porque assim o quer, e isto não é culpa de ninguém.

Deve-se, pois, partir desse pressuposto.

O segundo passo é o de determinar o seu patrimônio, menos as dívidas que eventualmente tenha.

Em seguida é essencial estabelecer uma previsão de gastos (mensal ou anual, se a economia estiver estável).

O passo seguinte é o de determinar como chegar onde deseja, e isto implica realizar pelo menos três etapas:

1º Fazer um plano de longo prazo que tenha algumas metas financeiras (ao menos umas cinco).

2º Elaborar um orçamento ajustado às circunstâncias nas quais vive hoje.

3º Aceitar e impor a si mesmo uma disciplina rigorosa que permita reduzir e postergar alguns gastos.

Isto significa que é necessário mudar vários hábitos financeiros.

Você já abordou o seu ser financeiro dessa forma?

Não!!!

Então chegou o momento, e não deixe essa análise para a semana que vem...

No que se refere ao seu **ser espiritual**, o seu êxito não depende de uma ou outra crença espiritual.

Ele depende de ter uma profunda fé em várias crenças espirituais e do seu compromisso constante com o desenvolvimento de seus valores espirituais.

Garanta, pois, que as suas ações e a sua vida cotidiana sejam um reflexo de suas crenças e dos seus valores espirituais.

De nada servem as riquezas materiais e as conquistas profissionais se a pessoa não conta com a paz interior.

Para saber o que fazer para ter mais paz espiritual é preciso agora que o estimado leitor realize a seguinte auto-avaliação, atribuindo pontos 1, 2, 3, 4 ou 5 com os seguintes extremos: 1 correspondendo a poucas vezes e 5 a muitas vezes:

1. Você pensa comumente sobre a sua missão pessoal e a sua contribuição para a humanidade?
2. Para alcançar as suas metas ou objetivos, você envolve outras pessoas e acredita que o êxito depende delas?
3. Tem participado de atividades comunitárias nas quais se procura ajudar outros indivíduos ou grupos de pessoas?
4. Você fica emocionado e orgulhoso pelo fato de poder fazer algo por alguém que não tem como retribuir-lhe esse favor?
5. Você procura ter boas relações com as pessoas ao redor de si e busca destacar as

qualidades dos outros ao invés de fazer reluzir as suas?

6. Com que freqüência você medita sobre como se pode solucionar as injustiças sociais que podem influenciar outras pessoas e procura fazer algo a esse respeito?

7. Você tem fé nas suas habilidades e na realização de suas metas ao começar qualquer novo empreendimento?

8. Você procura reconciliar-se com outras pessoas e perdoa as suas falhas desde que lhe ofereçam as desculpas e comprovem que não tiveram culpa no que ocorreu?

9. Você tem tomado decisões para não se manter rancoroso, com ressentimento ou antipático a certas pessoas?

10. Cada dia que passa você sente que possui uma relação pessoal com Deus?

A pontuação máxima é 50, mas quanto é que você conseguiu?

Como se sente com o total alcançado? Que pensa fazer para subir até 50? Qual é o seu primeiro passo?

Realmente aqui está uma excelente oportunidade para que cada um cuide melhor do seu ser espiritual, significando isto tornar-se mais útil para a humanidade, auxiliar as outras pessoas, lutar contra as injustiças sociais, minimizar sua inveja e seus rancores, e finalmente crer mais em Deus.

Por último, um teste simples para saber algo sobre o seu **ser intelectual**, no qual deve-se responder "sim" ou "não", e para cada "sim" acumular 1 ponto.

1. Costuma ler uma parte de um bom livro todos os dias?

2. Você tem interesse em outras áreas profissionais diferentes da sua?

3. Você faz parte de alguma organização profissional da qual participa ativamente?

4. Você dedica um tempo semanal a passatempos, como escrever ou pintar?

5. Faz visitas a livrarias ou bibliotecas com regularidade?

6. Você assistiu a uma apresentação teatral ou viu algum balé ou ópera, ou ainda foi a algum concerto nestes últimos seis meses?

7. Neste último ano você foi pelo menos duas vezes visitar algum museu ou alguma exposição de arte?

8. Você participa esporadicamente de cursos de desenvolvimento pessoal e/ou profissional?

9. Neste último ano você visitou alguns locais históricos?

10. Você costuma pensar de forma meticulosa sobre a sua profissão atual?

11. Neste último ano você escreveu algum livro, algum conto ou poesia, ou ainda artigos para revistas especializadas?

12. Você está sempre atento quanto aos eventos culturais que acontecem na sua cidade ou na sua comunidade?

13. Você tem feito parte de grupos musicais ou teatrais neste último ano?
14. Você aprecia distrair-se resolvendo palavras cruzadas ou participar de certos "jogos" mentais?
15. Você costuma ler com freqüência revistas de caráter científico, literário, cultural ou empresarial?

Bem, se você somou menos de 5 pontos, isto significa que está descuidando do seu desenvolvimento intelectual, e convém incluir algumas coisas da lista acima para fazer parte imediata do seu plano de ação que permita um progresso do seu ser intelectual.

Caso a sua pontuação esteja entre 6 e 10, isto significa que as coisas vão caminhando razoavelmente bem, porém a sugestão é que você deve embrenhar-se em algumas atividades novas que fazem parte do questionário recém-respondido.

Finalmente, se obteve mais do que 10 pontos, deve continuar assim, mas talvez seja o momento de compartilhar a riqueza dos seus conhecimentos e da sua capacidade intelectual com outras pessoas que conheça e que eventualmente obtiveram na avaliação menos de 5 pontos.

Estimado leitor, para ter um futuro bem melhor, invista na melhoria dos seus cinco seres!!!

E aí certamente você se sentirá muito mais feliz e bem-sucedido!!!

Gestor de Tecnologia e Inovação

QUAL É A FUNÇÃO DE UM GESTOR DE TECNOLOGIA E INOVAÇÃO?

Inicialmente é importante saber qual é o papel da gestão de tecnologia e inovação no século XXI. Simplesmente pode-se dizer que quem não for bom administrador da tecnologia e da inovação não sobreviverá neste novo e turbulento mundo da era digital.

Aliás, para se "enfronhar" neste assunto é conveniente assimilar os ensinamentos do engenheiro mecânico João Roberto Loureiro de Mattos e do engenheiro naval Leonam dos Santos Guimarães, que são os autores de um excelente compêndio sobre ciência e tecnologia, dando inúmeras informações a respeito de como andam as coisas nestas áreas no Brasil.

Dizem os autores: "A gestão da tecnologia também é às vezes chamada de gestão da inovação tecnológica. A inovação tem duas etapas: uma delas é a geração de idéia ou invenção; a outra é a conversão daquela idéia em um negócio ou outra aplicação útil, de modo que:

> **Inovação = Invenção + Comercialização**

A tecnologia é uma mercadoria, tanto que ela é produzida, na maior parte das vezes, intencionalmente, tem proprietário, porque mantém os privilégios de patente, é vendida, trocada, cedida e até mesmo copiada, falsificada, roubada e contrabandeada.

E os centros de pesquisa tecnológica podem ser entendidos como '**fábricas de tecnologia**'.

A tecnologia pode apresentar-se de forma explicita ou implícita.

A tecnologia explícita é a que existe como conhecimentos ou habilidades de pessoas, ou que expressa informações contidas em documentos como relatórios, patentes, projetos, desenhos, etc.

A tecnologia implícita é aquela que se acha incorporada a bens ou serviços.

O comércio da tecnologia explícita é feito através de contratos de cessão de direitos de fabricação, de fornecimento de tecnologia, de contratação de serviços de engenharia, de projetos, de assistência técnica, etc.

No caso das tecnologias implícitas, cada uma delas agrega um valor ao custo do produto, isto é, em cada etapa do desenvolvimento ou da produção há uma parcela do custo que corresponde às tecnologias até então incorporadas.

Assim, nesse contexto, a gestão da tecnologia e da inovação em uma organização terá cinco papéis básicos a desempenhar:

1º) **Identificar** as demandas tecnológicas internas e externas (mercado) à organização.

2º) **Reconhecer** as ofertas tecnológicas internas e externas à empresa.

3º) **Fazer** com que as ofertas existentes efetivamente satisfaçam às demandas identificadas.

4º) **Fomentar** interna e/ou externamente o desenvolvimento de ofertas para as demandas não atendidas.

5º) **Incrementar** interna e/ou externamente demandas para ofertas que ainda não encontraram aplicações, mas que têm potencial de difusão.

Entendidas essas ações, independentemente do lado em que o **gestor de tecnologia e inovação** esteja – na empresa produtora de bens e serviços ou em centros de pesquisa e desenvolvimento e universidades –, sua função será sempre a de fazer com que a oferta e demanda se encontrem de forma adequada e eficiente.

Assim, o perfil adequado para ser um bom gestor da tecnologia e inovação é o de uma pessoa que:

- saiba promover a orientação profissional que enfatize a contribuição da tecnologia ao objetivo da empresa;
- tenha capacidade e experiência técnica afins com o setor correspondente;
- demonstre competência para organizar e manejar informações tecnoeconômicas;
- possua conhecimento sobre processamento de dados e informações por via eletrônica;
- evidencie competência interpessoal;
- saiba motivar e liderar as pessoas talentosas;
- exiba grande facilidade para iniciar e manter novas relações humanas;
- tenha o poder da iniciativa;
- saiba negociar para lidar bem com os conflitos;
- evidencie traços característicos de um empreendedor;
- possua um conhecimento sólido sobre inovação tecnológica;
- demonstre ter fluência em outras línguas, principalmente com o inglês."

Genialidade

VOCÊ QUER SE INSPIRAR E ADAPTAR PARA O SEU ESTILO ALGO DOS GÊNIOS?

Quem é que não quer!?!? E para isto uma excelente idéia é seguir os conselhos, ou ao menos as características dos grande gênios que Michael Gelb conseguiu captar.
Michael J. Gelb é um famoso inovador no campo do pensamento criativo e do desenvolvimento de liderança, sendo o autor de vários *best-sellers*, entre eles, *Como Descobrir sua Genialidade*.
Quem ler este livro se convencerá de que tem também o potencial para a genialidade.

Michael J. Gelb usa o artifício de beber da fonte das mentes mais revolucionárias da história para levar o(a) leitor(a) a liberar sua própria criatividade por meio do jogo mental.

Buscando as idéias, descobertas e inovações que mais transformaram o mundo, ele reuniu um "time dos sonhos de gênios" composto de dez indivíduos de muito destaque, cada um dos quais personificando uma característica especial de genialidade que você pode incorporar à sua vida cotidiana.

São eles:

Platão, aprofundando seu amor à sabedoria.

É de Platão a frase: "Há um olho da alma que é mais precioso do que dez mil olhos do corpo, porque somente por ele a verdade pode ser vista."

Platão ensinou que se deve fazer sempre perguntas desafiadoras a si mesmo e aos outros.

Brunelleschi, que foi o primeiro a alcançar e a transmitir a plena compreensão dos princípios da perspectiva na arte e no desenho. Brunelleschi ensina que os reveses não devem afastar ninguém do caminho traçado e que é essencial saber improvisar.

Cristóvão Colombo, que para alguns até hoje é o homem que realizou a maior façanha.

Apesar da ausência de uma educação formal, ele concebeu o plano de sua viagem oceânica e conseguiu reunir provas para mostrar que era viável.

Quem usa Colombo como exemplo, toma a palavra "impossível" como um desafio e tem a coragem de ir ao encalço de novas idéias.

Nicolau Copérnico, que teve a independência de espírito para conceber uma cosmologia diferente da universalmente aceita durante quase 1.500 anos, desde a época de Ptolomeu de Alexandria (100 d.C. – 170 d.C.).

Foi o fundador da astronomia moderna e suas idéias inovadoras também permitiram que a duração dos meses e dos anos pudesse ser calculada com muito mais precisão.

Copérnico passou a mensagem de que se deve acolher e aceitar as mudanças, e que é preciso estar sempre disposto a questionar as suposições e as crenças.

Rainha Elizabeth I, que soube como poucos monarcas exercer seu poder com equilíbrio e eficácia.

Soube também transmitir sua força e inteligência, ao mesmo tempo em que preservava sua feminilidade.

O reinado de Elizabeth I plantou a idéia que finalmente levou a uma mudança de paradigma nas crenças sobre a capacidade das mulheres.

Elizabeth I foi um modelo de pessoa que conseguia manter a calma nas crises e que procurava estudar algo novo todos os dias.

William Shakespeare, que talvez tenha sido o escritor que melhor compreendeu e descreveu a natureza humana.

Indiscutivelmente foi o maior escritor de todos os tempos, tanto pela amplitude como pela universalidade de sua obra.

Foi um virtuoso verbal, tendo exposto uma gama verdadeiramente extraordinária de vocabulário e cunhado milhares de palavras, expressões e conceitos que entraram no uso corrente da língua inglesa.

Thomas Jefferson, que redigiu a Declaração de Independência dos EUA, o mais inspirado documento de direitos humanos já escrito.

Dizia Thomas Jefferson: "Acima de tudo – e sempre – pratique o bom humor; esta, de todas as qualidade humanas, é a mais agradável e a mais estimada pela sociedade."

Como empresário, foi extremamente inovador ao introduzir variedades melhores de arroz entre os fazendeiros da Carolina do Sul, tendo sido o pioneiro na introdução do azeite, macarrão, queijo parmesão, passas, baunilha e bons vinhos na mesa do norte-americano.

Charles Darwin, que se tornou o maior biólogo do mundo por meio de suas observações feitas na viagem do navio de inspeção *Beagle*, quando tinha pouco mais de 20 anos.

Forçou outros pensadores a se confrontarem com o problema da evolução humana, especialmente depois da publicação em 1871 de *A Descendência do Homem*.

A lição que Charles Darwin transmitiu é que cada pessoa deve ter mentalidade aberta; ser um observador paciente e cuidadoso; não se apegar a idéias arraigadas e familiares, quando é demonstrado que estão erradas; e finalmente, ter um amor à verdade maior do que a necessidade de estar certo.

Mohandas Karamchand ou **Mahatma Gandhi**, que disse: "O fraco nunca pode perdoar. O perdão é um atributo do forte."

Gandhi foi a primeira pessoa a conseguir uma revolução política pela criação de um movimento político pacífico de massa.

Foi um gênio espiritual, que conseguiu sintetizar os ensinamentos de todas as grandes religiões do mundo para criar suas próprias filosofias, e ajudou a derrubar tabus e distinções de classes na Índia – um avanço social até então inimaginável.

Quem entende Gandhi acaba aplicando em sua vida os princípios da genialidade espiritual que auxiliam a harmonizar o espírito, a mente e o corpo.

Albert Einstein, que asseverou: "Existem apenas dois modos de viver sua vida: um é como se tudo fosse um milagre, o outro é como se nada fosse um milagre."

Sua equação $E=mc^2$ (a energia é igual ao produto da massa pelo quadrado da velocidade da luz) inaugurou a era nuclear.

Albert Einstein sugeriu que todo mundo solte a sua imaginação e entre no jogo das combinações.

Mais que isso, ele aconselhou as pessoas a brincarem mentalmente com desafios sérios, a buscarem conforto e inspiração na natureza e a criarem um ambiente estimulante para o cérebro no trabalho e em casa.

Realmente através da leitura de biografias acessíveis e fascinantes, como as apresentadas em *Como Descobrir sua Genialidade*, é possível desenvolver um "relacionamento pessoal" com cada gênio e aprender como usar o princípio condutor da vida de cada um deles para poder enriquecer a própria qualidade de vida.

É extremamente útil seguir o "plano de iluminação" proposto por Michael J. Gelb, ou seja, aplicar na sua vida pessoal a sabedoria das dez maiores mentes da história de humanidade.

Aliás, não se deve restringir a inspiração de cada um a apenas esses dez gênios, pois felizmente a humanidade já produziu algumas dezenas de milhares deles!!!

AS MULHERES GOSTAM MAIS DOS CÃES QUE DOS SEUS MARIDOS
POIS OS CACHORROS NÃO CRITICAM AS SUAS AMIGAS.

Opiniões dos homens

a) Terrivelmente insegura.
b) Incompreensível.
c) Muito certinha.
d) Uma chata e "cri-cri".
e) Extremamente afetada.
f) Abobalhada.

Para os cães

a) Linda!
b) Tem um cheiro agradável.
c) Fantástica!
d) Bela!
e) Adorável!
f) Admirável!

Idéias

"Calma. Aí vem o nosso personal trainer."

O QUE SE PODE APRENDER COM AS IDÉIAS DE BILL GATES?

Antes de mais nada, é importante ter uma rápida história sobre Bill Gates.

William Henry Gates III nasceu em 1955, filho de uma família próspera e rica de Seattle, que o mandou a Harvard para estudar Direito (profissão do seu pai).

Sua história, portanto, não é a de um garoto pobre que venceu na vida, mas é muito relevante assim mesmo, pois sem dúvida ele se tornou um dos maiores empreendedores do mundo, e mais que isto, **o homem mais rico do mundo!!!**

Mas a saga da Microsoft é, entretanto, típica de uma indústria eletrônica, ou seja, uma empresa pequena e pobre que se tornou muito grande e rica.

Bill Gates estudou em escolas particulares, foi excelente aluno em Matemática, e desde o início da sua adolescência foi fascinado pela computação, que ainda dava seus primeiros passos.

Em 1973 Bill Gates entrou na Universidade de Harvard onde conheceu Steve Ballmer, que hoje é o *chief executive officer* (CEO), ou seja, o executivo principal da Microsoft.

Com a ajuda de Paul Allen, seu amigo desde a infância, Bill Gates escreveu, em 1975, uma versão da linguagem BASIC para um antigo computador pessoal, o MITS Altair.

O sucesso imediato fez com que Bill Gates e Paul Allen fundassem a Microsoft (inicialmente Micro-Soft), e em 1977 Bill Gates abandonou definitivamente a faculdade para dedicar-se à empresa.

O grande passo foi dado em 1980, quando dois executivos da IBM visitaram a Micro-Soft propondo um trabalho em BASIC para um novo microcomputador, cujo desenvolvimento teria de ser feito em prazo recorde.

Os executivos da IBM encontraram na Micro-Soft uma figura "interessante", de óculos, inteligente, articulada, incansável e com grande agilidade de raciocínio, ou seja: Bill Gates, que aceitou a tarefa e a cumpriu.

Ele continua o mesmo desde então.

Gosta muito de ler, mesmo em momentos inoportunos.

Tem o costume de acumular várias tarefas e fazer todas ao mesmo tempo, e ainda assim consegue dar atenção total à Microsoft e gastar um bom tempo em relações públicas.

Ele parece não ter muitos interesses além da família, de seus Porsches, e de sua magnífica "mansão inteligente" à beira de um lago.

Ela se casou em 1º de janeiro de 1994 com uma funcionária da Microsoft chamada Melinda French, com a qual teve três filhos.

Melinda e Bill Gates tem-se dedicado muito à filantropia, devotando-se principalmente a iniciativas de auxílio nas áreas de saúde e educação.

Através da sua Fundação já destinaram mais de US$ 3,2 bilhões a diversas organizações, trabalhando em várias partes do mundo para melhorar as condições de saúde dos carentes, e mais de US$ 2 bilhões foram doados para melhorar as oportunidades de aprendizado, em particular para promover uma maior inclusão digital dos pobres.

Atualmente Bill Gates continua sendo o homem mais rico do mundo, mas agora anunciou que em breve vai retirar-se das atividades de direção da Microsoft e dedicar-se a resolver os grandes problemas do mundo, através da Fundação Gates que dirige com a sua mulher Melinda.

E em 2006 recebeu um grande apoio de Warren Buffett, o 2º homem mais rico do mundo que doou 85% da sua fortuna para a Fundação Gates.

O prolífico autor de livros sobre administração Robert Heller escreveu *Entenda e Ponha em Prática as Idéias de Bill Gates* (Publifolha – 2000), no qual diz: "Acredito que todo o sucesso obtido por Bill Gates e também a sua vitória sobre a IBM geraram certa acomodação nos anos subseqüentes, o que quase comprometeu o império da Microsoft.

Isso aconteceu pela demora na reação contra o novo e grande desafio que seria a Internet.

Sistemas operacionais e aplicativos poderiam ser adquiridos na rede, minando assim a hegemonia da Microsoft – o mesmo que havia acontecido com a IBM.

Em maio de 1995, Bill Gates tomou total consciência da ameaça, e por isso, num dos seus incontáveis memorandos que enviava regularmente aos seus funcionários, ele o intitulou: *O maremoto da Internet*, dando à nova tecnologia o mais alto nível de importância.

Aí ele começou a gastar bilhões de dólares do capital da empresa no ataque ao novo mercado – especialmente contra a Netscape, empresa cujo navegador de Internet era inicialmente fornecido de graça, e que já tinha capitalizado US$ 5 bilhões de abril de 1994 até dezembro de 1995.

Nesse sentido, Bill Gates usou uma das suas armas poderosas: **obrigou** os fabricantes de *personal computers* (PCs), isto é, dos computadores pessoais, a pré-instalar o navegador da Microsoft em suas máquinas, tornando-o parte do *Windows* 95, a nova versão do *Windows* 3.0.

Em 1998, uma ação antitruste do governo norte-americano entrou em vigor, proibindo a obrigatoriedade e criando uma situação embaraçosa para Bill Gates e sua organização.

Ele conseguiu mais tarde um acordo com o governo, porém a Microsoft sofreu bastante pressão das autoridades dos EUA.

Pode-se porém afirmar que uma resposta enfática e poderosa sobre a compreensão do crescimento e da importância da Internet, Bill Gates deu ao mundo todo, não apenas aos seus empregados, quando lançou em 1999 o seu livro *Business @ The Speed of Thought: Using a Digital Nervous System* (*A Empresa na Velocidade do Pensamento*), no qual ele assume definitivamente o merecido título de **profeta da revolução**.

Essa revolução, todavia, levou a sua empresa a uma nova e problemática situação no século XXI.

A Internet desafiou mais do que nunca o poder da Microsoft.

Enfrentar o desafio da mudança, porém foi crucial para a abordagem pragmática de Bill Gates na realização de suas grandes e acertadas previsões.

Porta-voz das mudanças, as ações de Bill Gates falam mais do que as palavras, tornando-o um dos mais importantes protagonistas da era da informática, que é o que vamos viver no século XXI."

Bem, em vista dessa rápida descrição da competência de Bill Gates, que realmente pode ser considerado um profeta da revolução provocada no mundo pelas tecnologias da informação e de comunicação (TIC), vale a pena seguir seus conselhos e os alertas que ele tem dado nas centenas de palestras e conferências que já proferiu para os públicos mais variados.

Recentemente ele aceitou um convite para fazer uma palestra numa escola secundária dos EUA.

Nela falou sobre como a "política educacional de vida fácil para as crianças" criou uma geração sem o correto conceito da realidade, e como esta política tem levado as pessoas a falharem em suas vidas posteriores à escola.

Muito conciso, pois todos esperavam que ele fosse fazer um discurso de uma hora ou mais, Bill Gates falou por menos de 5 minutos, e foi aplaudido por mais de 10 minutos sem parar. Aí agradeceu muito e foi embora em seu helicóptero...

Eis os 11 procedimentos ou conselhos que ele deu os estudantes nessa sua breve palestra de coisas que eles não aprenderiam na escola:

Regra Nº1: A vida não é fácil: acostume-se com isso.

Regra Nº2: O mundo não está preocupado com a sua auto-estima. O mundo espera que você faça alguma coisa útil por ele antes de você sentir-se bem consigo mesmo.

Regra Nº3: Você não ganhará R$ 20.000 por mês assim que sair da faculdade. Você não será vice-presidente de uma empresa com carro e telefone à disposição antes que você tenha conseguido comprar seu próprio carro e telefone.

Regra Nº4: Se você acha seu professor rude, espere até ter um chefe. Ele não terá pena de você.

Regra Nº5: Vender jornal velho ou trabalhar durante as férias não está abaixo da sua posição social. Seus avós tinham uma palavra diferente para isso: eles chamavam isso de oportunidade.

Regra Nº6: Se você fracassar, não é culpa de seus pais. Então não lamente seus erros e aprenda com eles.

Regra Nº7: Antes de você nascer, seus pais não eram tão críticos como agora.

Eles só ficaram assim por pagar as suas contas, lavar suas roupas e ouvir você dizer que eles são "ridículos". Então antes de salvar o planeta para a próxima geração, querendo consertar os erros da geração dos seus pais, tente limpar seu próprio quarto.

Regra Nº8: Sua escola pode ter eliminado a distinção entre vencedores e perdedores, mas a vida não é assim. Em algumas escolas você pode repetir mais de ano e tem tantas possibilidades quantas precisar até acertar. Isto não se parece com absolutamente **nada** da vida real. Se pisar na bola, está despedido!!! É preciso quase sempre fazer certo da primeira vez!

Regra Nº9: A vida não é dividida em semestres. Você não terá sempre os verões livres e é pouco provável que outros empregados o ajudem a cumprir suas tarefas no fim de cada período.

Idéias **105**

Regra 10: Televisão **não** é vida real. Na vida real, as pessoas têm que deixar o barzinho ou a boate e ir trabalhar.

Regra Nº11: Seja legal com os CDFs (aqueles estudantes que os demais julgam que são uns babacas...). Existe uma grande probabilidade de você vir a trabalhar para um deles.

Bem, quem falou tudo isso foi Bill Gates que, como já foi dito antes, é dono da maior fortuna pessoal no mundo e da Microsoft: a única empresa que enfrentou a *Big Blue*, isto é, a IBM, a empresa que durante um bom tempo dominou o mundo da computação, sendo líder indiscutível de venda dos grandes computadores (*mainframes*). Aliás, se Bill Gates falou todas essas "verdades" para jovens adolescentes, ele também espanta os indivíduos mais adultos com as suas idéias, principalmente aqueles 55 mil que trabalham na Microsoft.

Aí vão 30 idéias de Bill Gates de como se deve trabalhar no século XXI, ou seja, na era da Internet, aceitando que a mudança é uma constante, que é vital saber manter a posição conquistada através da delegação de poderes aos funcionários para que todos na empresa possam assumir riscos, mas também tenham a oportunidade de converter suas idéias em algo de valor para a organização.

1ª Idéia – Constitua equipes que possam usar a mesma informação simultaneamente.

2ª Idéia – Combine *hardware* e *software* para conseguir precisão, rapidez e riqueza na informação.

3ª Idéia – Identifique sempre as necessidades do cliente para que tenha um serviço cada vez mais rápido.

4ª Idéia – Concentre-se na sua empresa nos serviços essenciais e terceirize todo o resto.

5ª Idéia – Coordene o trabalho de tal forma que sempre se esteja obtendo redução no tempo de produção, batendo continuamente recordes, como se estivesse se preparando para vencer os Jogos Olímpicos.

6ª Idéia – Modernize-se continuamente para obter o máximo de eficiência que a tecnologia possibilita.

7ª Idéia – Identifique e acompanhe rapidamente as tendências corretas do mundo digital.

8ª Idéia – Reúna sempre os seus melhores talentos para trabalhar no desenvolvimento de um novo produto/serviço.

9ª Idéia – Concentre os seus melhores profissionais e os seus investimentos nos projetos de pesquisa mais promissores.

10ª Idéia – Busque constantemente as tecnologias interessantes e aplique-as imediatamente a novos propósitos.

11ª Idéia – Procure novos objetivos ou propósitos e tente achar a tecnologia adequada para atendê-los.

12ª Idéia – Proporcione ao seu cliente uma enorme satisfação com o produto/serviço que adquirir da sua empresa.

13ª Idéia – Faça com que o seu produto/serviço se torne indispensável e passe a ser muito desejável pelo comprador.

14ª Idéia – Estude cuidadosamente o seu novo produto/serviço para que quando ele for lançado se transforme realmente em sucesso.

15ª Idéia – Contrate funcionários brilhantes, com aptidões e conhecimentos específicos.

16ª Idéia – Aperfeiçoe continuamente a sua gestão de informações para que possa obter rapidamente todos os dados necessários para tomar uma decisão.

17ª Idéia – Trate todos como colegas nos quais você confia plenamente.

18ª Idéia – Mantenha a sua organização o mais na horizontal que possa, utilizando o *e-mail* para debates abertos.

19ª Idéia – Fique extremamente atento aos pontos de ruptura (obsolescência ou envelhecimento do seu produto/serviço) e saiba mudar radicalmente o rumo na sua empresa.

20ª Idéia – Crie pequenas equipes, delegando responsabilidade e recursos para se tornarem eficazes.

21ª Idéia – Quando a liderança se faz necessária, ela deve ser feita de maneira segura e decisiva.

22ª Idéia – Faça com que o futuro aconteça, conduzindo seus negócios com vigor.

23ª Idéia – Concentre-se no potencial dos novos desenvolvimentos, e não em descobrir exatamente o que deu errado nos anteriores.

24ª Idéia – Não crie barreiras para o progresso por ter medo de prejudicar os seu negócios atuais.

25ª Idéia – Fundamente sempre a sua visão na compreensão do que está ocorrendo no momento presente.

26ª Idéia – Adote todas as providências necessárias para proteger o futuro de sua empresa a longo prazo.

27ª Idéia – Elabore previsões sintéticas, objetivas, originais e marcantes.

28ª Idéia – Cultive o medo, tendo sempre em mente os riscos e as ameaças que o cercam.

29ª Idéia – Expanda rápido e globalmente as bases da empresa.

30ª Idéia – Evite problemas de localização mudando o local de trabalho para regiões mais acessíveis e economicamente mais ativas.

Dá para concluir a partir dessas 30 idéias que o sucesso e a filosofia de Bill Gates são inseparáveis da "revolução da informação".

Aliás, desde o início ele pretendeu criar "ferramentas para a era da informação que fossem capazes de aumentar o potencial do homem".

Na Microsoft, certamente mais que em outras empresas, busca-se aprender com os erros.

Bill Gates tornou-se referência com a publicação anual de uma documento denominado "Os Dez Grandes Erros da Microsoft", com o qual ele espera que todos os seus funcionários aprendam lições com as falhas nele descritas.

Boa parte desses erros aconteceram por causa do atraso ou da não-entrada de seus produtos no mercado.

O método pragmático com que Bill Gates trabalha suas previsões é ilustrado por sua facilidade em reconhecer erros: "Nós temos conhecimento de todas as falhas da Microsoft", diz ele.

Mas ele mesmo complementa: "O bom é que cada uma das nossas falhas deu origem a um novo produto que se tornou um sucesso da Microsoft."

No final das contas, o que realmente vale é que logo nos primeiros dias de sua empresa Bill Gates fez a seguinte previsão: "Em breve vamos ter um computador em cada lar e todos com *softwares* da Microsoft."

Alguém tem dúvida que isto já é praticamente uma realidade em todo o mundo?
Certamente que não!!!

Vale a pena então verificar quantas das 30 idéias (ou das 11 regras para os jovens) estamos aplicando (explicando) na organização (escola) em que trabalhamos (estudamos ou ensinamos)...

Inteligência

"Claro que o seu QI é alto, meu filho. Considere que o cargo que você tem na nossa empresa é devido à sua competência, sendo que a indicação baseou-se na sua preparação e um pouco no nepotismo."

Uma instituição de ensino superior de respeito na educação brasileira no seu processo seletivo incluiu a seguinte questão:

Uma mãe é 21 anos mais velha que o filho.

Daqui a seis anos a mãe terá uma idade 5 vezes maior que o filho.

Pergunta: Onde está o pai agora?

Por mais incrível que pareça a resposta é dada pela matemática!

Há que fazer, obviamente, alguns cálculos para obter resposta! E ela é bem interessante!!

Analisando hoje: a mãe tem Y anos e o menino tem hoje X anos.

Portanto como a mãe é 21 anos mais velha: $Y = X + 21$ **(1)**.

Daqui a 6 anos ter-se-á para as respectivas idades da mãe e do filho: $(Y + 6)$ e $(X + 6)$

Portanto, como a mãe será 5 vezes mais velha que filho tem-se: $Y + 6 = 5(X + 6)$ ou $Y = 5X+24$ **(2)**.

Das equações (1) e (2) vem: $5X + 24 = X + 21$

Logo:

$-4X = 3$

$X = -3/4$

O menino tem hoje $-3/4$ anos, ou seja, -9 meses (menos nove meses).

A resposta é bem lógica!!!

Assim, se o menino tem exatos menos 9 meses, ele nascerá daqui a nove meses, então a resposta do problema proposto é: o pai neste exato momento está gerando o filho com a mãe.

Brilhante, não!!!

Se você entendeu bem essa piada sem dúvida o seu QI (quociente de inteligência) no mínimo é notável.

A bem da verdade o que vai seguir talvez nem necessite ler (!?!?), a não ser que as suas outras inteligências sejam sofríveis.

O QUOCIENTE DE INTELIGÊNCIA É IMPORTANTE?

Houve uma época em que Bill Gates, o famoso executivo e proprietário da Microsoft – o homem mais rico do mundo, com uma fortuna pessoal estimada em US$ 46,5 bilhões pela revista *Forbes* em 2005 – disse que o quociente de inteligência (QI) é tudo o que interessa ao se contratar alguém para trabalhar na sua empresa.

Aliás, de acordo com Bill Gates, ele acredita que ao se contratar uma pessoa inteligente, ou seja, aquela com QI elevado, torna-se fácil ensinar-lhe qualquer coisa.

É por isso que a Microsoft valoriza até hoje a inteligência medida pelo QI acima de tudo, dando menos ênfase a outras habilidades ou à experiência?!?!

A pergunta que mais se faz nas entrevistas da Microsoft é: "Defina o que é 'inteligência'. Você é inteligente?"

Vamos ver como o psicólogo da Universidade de Stanford, Lewis M. Terman (1877-1956), procurou avaliar a inteligência, ele que popularizou o conceito de QI, criou o teste clássico e promoveu durante a sua vida, incansavelmente, os testes de inteligência.

Lewis M. Terman foi o filho brilhante de uma família de fazendeiros do Estado de Indiana, nos EUA.

Sentindo-se marginalizado devido ao seu intelecto, Lewis M. Terman cresceu fascinado pela idéia da inteligência e de como ela poderia ser medida.

Depois de passar por diversas carreiras, acabou em 1910 na costa oeste, empregado como professor da Universidade de Stanford.

Naquela época, a reputação da universidade não chegava nem perto da que tem hoje.

Depois de alguns anos, Lewis Terman se tornou o astro maior da instituição!!!

Foi ele quem conseguiu colocar Stanford e o vale onde está localizada a universidade no mapa mundial da intelectualidade!!!

E conseguiu isso principalmente com o seu trabalho inovador em testes de inteligência.

Na realidade Lewis M. Terman, num primeiro momento, traduziu para o inglês o teste de inteligência pioneiro criado pelo francês Alfred Binet, porém deu-lhe um tom bem diferente.

O teste de Binet pretendia identificar deficiências mentais em crianças para as escolas parisienses.

Lewis Terman, por sua vez, estava interessado em descobrir crianças bem dotadas de inteligência.

Mas desejava também um teste que pudesse ser usado em adultos, o que o obrigou a acrescentar questões bem mais complexas que aquelas usadas por Alfred Binet.

Daí para a frente o teste passou a ser conhecido como Stanford-Binet, o que deu uma grande notoriedade à Universidade de Stanford, com o nome de Lewis Terman ficando em segundo plano.

Ele publicou a primeira versão do teste em 1916 e até hoje ele é usado...

Para Lewis Terman: "A inteligência é a habilidade de raciocinar abstratamente."

Assim, o ponto principal para ele é que a pessoa tenha a capacidade não apenas de conhecer fatos, mas sobretudo a habilidade de manipular conceitos.

Foi por isso que nas duas primeiras décadas do século XX os problemas de lógica e quebra-cabeças de palavras e números gozavam de uma popularidade tão incrível que é difícil de entender hoje, quando vivemos em uma época saturada pela comunicação de todos os tipos, estando a Internet cheia de *blogs*, *orkuts*, etc., e qualquer pessoa tem centenas de canais de televisão à disposição.

Parece que precisamos "decifrar" outras coisas neste início do século XXI...

Nos primeiros anos de sua aplicação nos EUA, o teste de Binet-Stanford levou a resultados no mínimo chocantes.

Um deles foi a constatação de que as meninas (!?!?) tinham pontuações mais altas do que os meninos.

Outro, que os brancos tinham escores mais altos do que os negros, mexicanos e imigrantes recentes.

Pouco antes do teste de QI ser utilizado em empresas, o psicólogo de Harvard, Robert M. Yerkes, especialista em comportamento animal, convenceu o exército dos EUA a testar a inteligência de seus recrutas.

Assim, cerca de 1,75 milhão de recrutas foi testado na época da Primeira Guerra Mundial.

No lugar de escores em números, o QI dos soldados foi classificado em letras de A a E.

Com base nessa classificação, foram atribuídas certas responsabilidades aos recrutas.

Robert M. Yerkes se gabou, após o término da 1ª Guerra Mundial, que foram os testes de inteligência que "auxiliaram a ganhar a guerra".

Obviamente essa experiência com o exército deu um prestígio quase patriótico aos testes de inteligência.

E aí houve o sonho de Lewis Terman de transformar os EUA no **país da meritocracia**, no qual qualquer pessoa, desde a mais deficiente mentalmente até a mais brilhante, pudesse ser direcionada a um emprego ou ser alocada num posto de trabalho adequado em função dos pontos obtidos no QI.

O prestígio crescente de Lewis Terman possibilitou que a Universidade de Stanford criasse um departamento de Psicologia que ficou conhecido pelos seus testes psicométricos, obtendo, através deles, "notas" para os atributos humanos.

Com o passar dos anos, Lewis Terman enriqueceu muito com os testes de inteligência...

Frederick, o filho de Lewis Terman, conseguiu mais sucesso que o próprio pai com o teste de inteligência.

Ele se formou engenheiro eletricista e foi professor, reitor e um presidente muito atuante da Universidade de Stanford, sendo certamente um dos grandes responsáveis pela importância que ela tem hoje no mundo!!!

Foi ele também quem estimulou a criação de um parque industrial em Palo Alto, bem próximo da universidade. Em 1938, Frederick Terman convenceu William Hewlett e David Packard a abrirem uma fábrica numa garagem em Palo Alto, e o primeiro produto deles foi o oscilador de áudio.

Ele também sensibilizou um outro famoso empreendedor, William Shockley, que saiu dos Laboratórios Bell para abrir a sua empresa de comercialização da tecnologia de transistores.

William Shockley usou exaustivamente os testes de inteligência para recrutar seus empregados, e um deles que se submeteu a essa exigência foi Gordon Moore – mais tarde cofundador da Intel e conhecido mundialmente pela sua Lei de Moore.

William Shockley ficou tão envolvido e apaixonado pelos testes de QI, que propôs que as pessoas com baixo QI fossem "premiadas" se permitissem a própria esterilização!?!?

Com isso ganhou notoriedade, mas também recebeu o título de "maluco", apesar de ter sido um dos ganhadores do Prêmio Nobel.

Ele passou boa parte da vida declarando que os testes de QI mostravam a supremacia dos brancos sobre outras raças.

Quando morreu em 1989, William Shockley estava convencido de que suas "descobertas" através dos testes de QI sobre a inferioridade genética de certos grupos foram uma herança deixada por ele para a humanidade, melhor do que a invenção dos transistores à qual chegou em 1948.

No livro *Como Mover o Monte Fuji?,* de autoria de William Poundstone, ele dá respostas a muitas perguntas intrigantes que fazem inclusive parte do processo de entrevistas da Microsoft, e diz: "QI, o número (um conceito mais duvidoso do que o próprio teste de inteligência) foi abandonado em muitas empresas como ferramenta de classificação das pessoas, porém permanece ainda intocável em um significativo contingente de organizações.

Aliás, existe o Mensa, um clube fundado na Grã-Bretanha em 1946, cujos membros precisam pontuar acima dos 2% melhores no teste Stanford-Binet ou em outros testes conhecidos.

Esse clube de pessoas com os QIs mais altos do mundo diz possuir mais de 100 mil membros.

Ironicamente, o jovem William Shockley fez o teste mas **não obteve pontuação suficiente** para entrar na amostra dos mais inteligentes.

O incrível é que o Mensa tem como integrantes: professores, motoristas de caminhão, cientistas, bombeiros, programadores, fazendeiros, artistas, militares, músicos, operários, policiais, etc.

Ou seja, muitos membros 'inteligentes'" são pessoas medianas trabalhando em funções sem grande complexidade.

Por sinal, zombar do sucesso mediano (ou até pífio) de alguns dos membros do Mensa virou um clichê, não apenas das revistas de humor...

Sempre aparece nelas a pergunta: Se essas pessoas são tão espertas, por que elas não são ricas, ou famosas, ou ganhadoras do Prêmio Nobel, ou simplesmente não têm mais sucesso naquilo que fazem?

Essa intrínseca falta de precisão acaba de certa forma com a idéia de que se pode medir a inteligência de maneira científica pelo teste de Stanford-Binet.

As pessoas que criam testes de inteligência deviam se preocupar mais com a sua validação.

Inteligência **113**

➡ Como se pode provar que o teste mede aquilo que se diz que mede?

O único jeito de provar que os testes de QI funcionam é mostrando que as pessoas que neles obtiverem um escore alto são de fato tão inteligentes quanto o grau obtido.

Mas hoje está claro que o teste de QI não tem essa exatidão...

Hoje temos muitos modelos alternativos, e um deles é o de Howard Gardner, que em 1983 sugeriu que havia sete tipos distintos de inteligência: lingüística, lógico-matemática, espacial, cinestésico-corporal, interpessoal, intrapessoal e musical.

Assim, uma bailarina pode ter uma grande inteligência cinestésico-corporal, mas uma péssima inteligência lógico-matemática.

Essa teoria provavelmente se ajusta melhor à experiência comum, pois as pessoas que são boas em uma coisa nem sempre são boas em outras.

Com efeito, numa época em que se valoriza a diversidade, o modelo de Howard Gardner é mais fácil de ser digerido do que aquele de uma inteligência monolítica, que se busca avaliar nos testes de Stanford-Binet."

Estamos realmente vivendo uma época pós-QI, na qual em muitas empresas nos testes de recrutamento para avaliar a inteligência dos eventuais futuros empregados utilizam-se questões desafiadoras com o intuito de medir a sua inventividade, criatividade, habilidade de resolver problemas e capacidade de enfrentar situações difíceis.

Eis uma amostra de perguntas-desafio feitas no recrutamento da Microsoft:

➡ Por que as tampas de entrada da rede de esgoto são redondas e não quadradas?

➡ Quantos afinadores de piano existem no mundo?

➡ Como você pesaria um avião a jato sem usar uma balança?

➡ Em quantos lugares do mundo você anda 1 quilômetro para o sul, 1 quilômetro para o leste e 1 quilômetro para o norte e chega ao ponto de onde começou a andar?

➡ Você tem oito bolas de bilhar. Uma delas é mais "densa", ou seja, pesa mais do que as outras. Como proceder para descobrir qual é a mais pesada com apenas duas pesagens em uma balança de pratos?

➡ Quanto tempo seria preciso para remover o monte Fuji?

Etc.

Parece que um dos principais méritos de quem responder a tais perguntas é o de evidenciar que está apto a ultrapassar obstáculos e ser persistente!?!?

Por outro lado, a queixa mais comum é de que os desafios e quebra-cabeças são herméticos e irrelevantes.

Além disso, o bom desempenho nos desafios geralmente mostra a "experiência" de alguém com problemas matemáticos, mas diz muito pouco sobre como a pessoa irá se comportar como empregado.

A maioria dos psicólogos e cientistas cognitivos contemporâneos olha com desconfiança para as entrevistas-desafio, e com descrédito maior ainda para os testes de QI no que se refere a constituírem uma ferramenta importante na seleção de pessoas certas para um determinado trabalho.

Na realidade, apesar de todos os esforços feitos até agora para medir a inteligência, e isto inclui o surgimento de outros indicadores, como o quociente emocional de Daniel Goleman, ou ainda o quociente espiritual ou de sinapse, parece que o resultado final obtido é equivalente ao que se tem conseguido ao fixar gelatina na parede.

Ela não fica grudada, ou melhor, a alocação de uma pessoa em uma certa função, orientada pela indicação de um teste, **não garante de forma alguma o sucesso!!!**

Jogo da Contribuição

"Se para você, chefe, tudo aqui pode ser feito de forma trivial e fácil, gostaria de pedir-lhe para amanhã começar a trabalhar no escritório da empresa no 7º andar do prédio na rua principal da cidade..."

CONTRIBUINDO COM NOVAS LETRAS.

Você sabe que existe um novo fenômeno musical em curso em muitas escolas brasileiras nas quais nossas crianças estão aprendendo versões adaptadas das velhas cantigas de roda?

O que chama muita atenção, nessas músicas são as letras **politicamente corretas**, nas quais personagens do folclore nacional deixam de ser assustadoras, animais são reverenciados e o desfecho das histórias cantadas é invariavelmente feliz.

Aí vão alguns exemplos.

A tradicional cantiga *Atirei o Pau no Gato* cuja versão original é:

Atirei o pau no gato
Mas o gato
Não morreu
Dona Chica
Adimirou-se
Do berro
Que o gato deu
...

ficou da seguinte forma:

Não Atire o Pau no Gato
Porque isso
Não se faz
O gatinho é nosso amigo
Não devemos maltratar os animais
...

passando pois por uma metamorfose bem grande.

Já outro clássico do repertório das cantigas *O Boi da Cara Preta* cuja versão original é:

Boi, boi, boi, boi da cara preta
Pega essa menina
Que tem medo de careta
...

ficou sendo Boi do Piauí com a seguinte letra:

Boi, boi, boi, boi do Piauí
Pega essa menina
Que não gosta de dormir
...

Por outro lado *O Cravo e a Rosa* cuja versão original é:

O cravo ficou doente
A rosa foi visitar
O cravo teve um desmaio
A rosa pôs-se a chorar
...

ficou agora com a seguinte letra:

O cravo ficou doente
E a rosa foi visitar
O cravo teve um desmaio
E a rosa pôs-se a chorar

A rosa deu um remédio
E o cravo logo sarou
O cravo foi levantado
A rosa o abraçou

...

Mônica Weinberg, num artigo na revista *Veja* (22/3/2006) sobre o assunto com o título *Será que funciona?* destaca: "Adaptações na letra de músicas folclóricas sempre ocorreram no Brasil e no resto do mundo.

Porém o que merece atenção nesse caso é o fato de as novas versões terem passado a fazer parte do currículo oficial em escolas brasileiras — e ainda por cima serem apresentadas às crianças **como mais corretas do que as músicas originais!?!?**

Um dos argumentos mais usados pelas escolas para ensinar as novas letras é que elas têm função educativa.

Por essa razão, muitas vezes são apresentadas aos estudantes ao lado da versão original, com o objetivo de enfatizar a diferença entre as duas e, ao final, fazê-los concluir que a canção politicamente correta traz exemplos mais positivos a serem seguidos.

Assim a 'nova letra' do *Não Atire o Pau no Gato* diz que a letra estimula os estudantes a desenvolver um senso de 'responsabilidade ecológica'.

Por sua vez o *Boi da Cara Preta* tornou-se do *'Piauí'* para soar menos assustador.

As críticas contra essas 'mudanças' nas letras quando os defensores das mesmas dizem que elas são politicamente corretas estão crescendo e tudo faz crer que eles se basearam sobre um pressuposto totalmente equivocado, isto é, **que as crianças são influenciadas pela letra das músicas!!!**

Estudos sobre o assunto feitos nos EUA, na Universidade de Illinois, no qual foram analisadas 3.000 crianças que ouviram cantigas de roda cujas personagens centrais eram assustadoras levaram a conclusão que 83% delas nem sequer prestavam atenção na letra.

O que as atrai nas cantigas de roda são o ritmo e as brincadeiras que se originam a partir delas e não o significado da letra."

Aliás a profa. Lydia Hortélio, que há 30 anos pesquisa canções infantis ressalta: "Nunca tive notícia de uma criança que tenha maltratado um gato porque aprendeu a cantar *Atirei o Pau no Gato.*"

Então para que estão mudando as letras das cantigas tradicionais, tornando-as assépticas e desprovidas de emoção?

Parece que é um excesso de puritanismo, com tantas outras coisas terríveis acontecendo na nossa televisão, nos *videogames*, na Internet aos quais as nossas crianças têm acesso.

Esperemos que não surjam os gênios que nos ensinem logo também uma nova letra para o Hino Nacional por considerá-la inadequada para o ambiente do século XXI, não é?

Bem, agora o leitor está apto a entender o conceito do jogo de contribuição de Benjamin Zander.

A EVOLUÇÃO NUNCA SUFICIENTE!!!

No dia 1º de maio de 1976, o governo federal fixou o salário mínimo em 768 cruzeiros (moeda da época).

O anúncio causou muita estranheza; por que Cr$ 768 e não Cr$ 770 ou ainda melhor, Cr$ 800?

O então ministro da Fazenda, Mario Henrique Simonsen, procurou dar uma explicação plausível e ao mesmo tempo extremamente curiosa, qual seja: "O valor foi escolhido porque representaria o preço somado de quatro cafezinhos diários, com igual número de pãezinhos (sem manteiga), multiplicado também por quatro para atender ao consumo mensal dos quatro integrantes da família média.

Pois bem se essa metodologia insólita fosse aplicada trinta anos depois, com o preço do cafezinho a R$ 1 e o do pãozinho a R$ 0,35 (num bar médio...), o valor do salário mínimo teria de ser R$ 648, ou seja, bem mais do que os R$ 350 concedidos pelo atual governo em 1º de maio de 2006.

Por sinal, qualquer que seja a medida de comparação, o valor do salário mínimo brasileiro continua a ser um dos mais baixos do mundo.

Em dólares, representa cerca de US$ 160, ainda distante do alvo dos governantes que tinham como objetivo US$ 200, apesar da tremenda ajuda do real que está sobrevalorizado, valendo praticamente 2 reais para cada dólar.

E mesmo atualizado, segue abaixo dos US$ 173 que valia em 1940, quando foi estabelecido!?!?

Continua inferior aos US$ 400 de Portugal e Espanha, que praticam o menor salário mínimo entre os países da União Européia e consegue ficar abaixo do salário mínimo de diversos países da América Latina, como Argentina, Colômbia, Chile, México e Paraguai.

O decreto-lei do Estado Novo que o regulamentou conceituava salário mínimo como "a **remuneração mínima** devida a todo trabalhador adulto, sem distinção de sexo, por dia normal de serviço e capaz de satisfazer, em determinada época, em cada uma das regiões do País, às suas necessidades normais de alimentação, habitação, vestuário, higiene e transporte".

A Constituição de 1988 determinou que o mínimo deveria ser nacionalmente unificado e capaz de atender às necessidades básicas não apenas do trabalhador, mas também de sua família, acrescentando itens como saúde, lazer, vestuário e Previdência Social, além de reajustes periódicos que lhe preservassem o poder aquisitivo.

Para atender esse objetivo, de acordo com o Dieese, o salário mínimo deveria ser de R$ 1.497,00 ou algo próximo de US$ 682.

Mas no atual patamar de R$ 350, está sendo suficiente para comprar apenas duas cestas básicas, conjunto alimentar previsto em lei desde 1938 para garantir ao trabalhador a reposição da força de trabalho.

Dois fatores têm sido apontados como **principais impeditivos** à implementação de uma política de recuperação do salário mínimo: o impacto que esse reajuste tem nas contas da Previdência Social e na folha de pagamento do serviço público.

No primeiro caso, como o menor valor para as pensões e aposentadorias é o próprio salário mínimo, o acréscimo de R$ 50 por exemplo, passando de R$ 300 para R$ 350, significará um gasto extra de R$ 9 bilhões no período de um ano.

Já em relação ao funcionalismo público, o problema é menos federal ou estadual – esferas em que apenas 2% e 17% dos servidores, respectivamente, recebem menos de dois mínimos e mais municipal, pois nas prefeituras esse contingente chega a 50%.

Entretanto essa é apenas uma parcela da explicação do problema.

Não se pode esquecer nunca que o Brasil tem alcançado índices medíocres de crescimento da sua economia, nos últimos 25 anos.

Quando o Brasil cresceu vigorosamente a taxas de 7% ao ano, o salário mínimo alcançou seu maior valor em termos reais superando um pouco US$ 481,42, em 1951.

Durante toda a década de 1950, o valor médio do mínimo foi de US$ 355.

Na passagem dos anos 70 para os 80, entretanto, sofreu a sua queda mais significativa, passando da média de US$ 240 para menos de US$ 140.

Dito de outra maneira: enquanto o PIB cresceu, o salário mínimo também foi maior.

Uma estratégia viável e gradual para a recuperação do salário mínimo é a desindexação plena entre o valor do mínimo e os patamares dos benefícios da Previdência, que precisam de outros critérios de reajuste.

Você está disposto a dar a sua **contribuição** para que isso venha a se tornar uma realidade e que haja menos desigualdade no Brasil?

Ótimo, parabéns!!!

NA SUA VIDA VOCÊ É UM PLAYER (ATOR) ATIVO DO JOGO DA CONTRIBUIÇÃO?

Quem quiser entender bem o que vem a ser o jogo da contribuição deve ler o livro: *A Arte do Possível: Criando Novas Possibilidades para Transformar sua Vida*, de autoria de Benjamin Zander – o regente da mundialmente famosa Orquestra Filarmônica de Boston – e Rosamund Zander.

Aliás, em inúmeras palestras que tem dado pelo mundo, Benjamin Zander usa com maestria a metáfora da orquestra para mostrar como as corporações podem superar todos os obstáculos para incrementar sua produtividade, implementar as mudanças e introduzirem muitas inovações, valendo-se do jogo da contribuição.

Num evento organizado em São Paulo pela empresa de eventos da HSM, em novembro de 2004, Benjamin Zander contou: "Cresci em uma tradicional família judaica, o que significa sem muitos mimos e moleza, e com o pressuposto de que todas as crianças da família teriam sucesso na vida.

Isso nunca foi claramente expresso, porém estava implícito em grande parte do nosso relacionamento familiar.

É verdade porém que todas as noites na hora do jantar, com meus pais sentados um em cada cabeceira da mesa e os quatro filhos nas laterais, meu pai virava-se para nós e perguntava a cada um o que havia realizado.

Quando chegava a minha vez, eu estava com os nervos à flor da pele, porque normalmente não sabia o que havia feito de tão importante.

Pior ainda, percebia que a questão lançada não era exatamente: 'O que fez hoje?', mas 'O que você conquistou hoje?'

Sempre pensava que não havia conseguido tanto quanto os meus irmãos.

Dessa forma, cresci em uma maré de ansiedade, que permaneceu até a minha maturidade. Acredito que consegui um certo sucesso, apesar dessa influência paterna...

Na minha vida profissional segui um jogo chamado: *Eu sou uma contribuição*.

O desejo de obter o sucesso e o medo de ser levado ao fracasso são, como os dois lados da mesma moeda, inseparáveis.

Diferentemente do sucesso ou fracasso, **contribuição não possui a outra face**!!!

Ela não é atingida pela comparação.

Com o passar do tempo descobri que a importante pergunta: 'Isso chega?', e a outra mais importante ainda: 'Sou amado pelo que sou ou pelo que realizei?', podem ser ambas substituídas por uma pergunta bem alegre: 'Como poderei ser uma contribuição hoje?'

Como regente, guiei no início meus músicos e administradores para realizarem minhas ambições, e não importando o apoio que recebia, eu me sentia inseguro.

Aí o jogo que estava jogando era o da competição.

Quando comecei a jogar o **jogo da contribuição**, por outro lado, descobri que não havia melhor orquestra do que a que eu estava regendo, ninguém melhor com quem estar do que a pessoa com quem eu estava; na realidade, não havia nada melhor.

No jogo da contribuição você acorda todas os dias e se aquece com a idéia de que **você é um presente para os outros**!!!

O jogo da contribuição parece ter o extraordinário poder de transformar conflitos em experiências recompensadoras; portanto, considere-se uma contribuição e, acima de tudo, veja-se como alguém que faz a diferença na vida, ou no trabalho, ou ainda na sua família!

Para haver a contribuição na sociedade deve existir o **nós** composto pelo menos por duas pessoas. A história do **nós** define o ser humano de uma maneira específica: ela diz que nós somos nosso eu central buscando contribuir, naturalmente engajados em uma eterna dança com seus pares.

Ela aponta o relacionamento em lugar dos indivíduos, as formas de comunicação, os gestos e os movimentos em vez de discretos objetos e identidades.

Ela atesta o que está **entre**.

Os passos para a prática de **nós** são:

1º Passo – Conte a história de **nós**, ou seja, história de processos não percebidos relacionados a todos **nós** – a história da possibilidade.

2º Passo – Escute e busque pela entidade emergente.

3º Passo – Pergunte: 'O que **nós** precisamos que aconteça aqui? O que é melhor para **nós**? (tudo de cada um de **nós** e tudo de todos **nós**). Qual é o próximo passo?'

A prática do **nós** oferece uma abordagem para resolver o conflito baseado em uma premissa diferente.

O método tradicional de resolver conflitos eu/você priva as pessoas da oportunidade do **desejo** inclusivo.

Ele não dá às pessoas a possibilidade de desejar o que a história do **nós** afirma que estamos sedentos: **conectar os outros pelos nossos sonhos e visões**.

Apesar da prática do **nós** poder melhorar qualquer aspecto de nossa vida, ela também implica um risco.

Não é uma técnica de chegar a uma decisão baseada em quantidades conhecidas; é um processo integrado que produz o próximo passo.

Solicita que você acredite que a evolução acionada por você lhe sirva por toda a longa linha. O que acontece depois disso não está sob seu controle, projeta-se espontaneamente a partir do próprio **nós**!!!"

Procure implantar no local do seu trabalho um ambiente propício ao jogo da contribuição e certamente quando o **nós** preponderar sobre **eu** ou **ele,** a organização se tornará extremamente coesa, produtiva e vencedora.

Liderança

"Só um grande homem admite que errou. Só admito ser grande."

COMO SE COMPORTAM OS LÍDERES?

Os líderes estão em evidência nos mais diferentes lugares: supervisionando os funcionários de uma grande linha de montagem de uma empresa de manufatura, nas competições esportivas, nas diversas repartições e setores governamentais, nas salas de aula – os professores –, nas várias estruturas religiosas e segmentos militares, ou ainda nas inúmeras instalações que prestam os mais variados serviços aos cidadãos.
O que todos esses líderes têm em comum é a **responsabilidade** que eles assumem por aqueles que são **responsáveis**!!!

Tanto a produtividade como o senso de execução, ou até a realização das aspirações futuras, bem como a satisfação pessoal dos indivíduos que trabalham em alguma organização são fortemente influenciados pelo discernimento e talento de um líder.

Entendendo claramente essa situação, ou seja, a importância de um líder, torna-se vital a compreensão dos comportamentos que levariam uma pessoa a ser um **líder de classe mundial**!!!

É claro que essa não é uma pequena pretensão, pois ser alguém de classe mundial significa que você é uma pessoa que faz algo melhor que todas as outras, e no máximo o que pode acontecer é que alguém faça quase do mesmo jeito, mas jamais melhor...

É evidente que à medida que as aptidões e as competências de um indivíduo melhoram, então o seu padrão vai se elevando até chegar ao nível de classe mundial.

Porém para que uma pessoa possa ser incluída e mantida na categoria de classe mundial, o seu talento precisa continuamente ser expandido...

Os líderes de classe mundial são aqueles que têm os seguintes comportamentos:

1) Têm estima pelas pessoas.

Estimar significa saber valorizar as pessoas não apenas pelo que elas são, mas principalmente pelo que elas são capazes de fazer.

Ter consideração pelos outros está fundamentado no reconhecimento de que todo ser humano possue um grande potencial.

2) Procuram ter uma brilhante comunicação interpessoal.

Na realidade, quem quer ser um líder de classe mundial precisa ser um grande comunicador.

Para se poder comunicar bem, o líder deve demonstrar **paixão**, que é um elemento crucial quando alguém deseja maximizar o impacto nas relações face a face.

Além disso, o líder que quiser se comunicar bem com os outros deve recorrer a fatos, pois sem eles não conseguirá um impacto duradouro.

Entretanto, o maior impacto que um líder consegue com os outros – seus seguidores – é quando consegue convencê-los que acredita realmente no que está dizendo.

3) São mestres no gerenciamento do tempo.

É óbvio que para administrar adequadamente o tempo o líder precisa saber estabelecer corretamente as suas prioridades.

Os líderes que simplesmente usam a sua autoridade para conseguir que o "trabalho seja feito", sem levar em conta as prioridades dos outros, perdem a oportunidade de obter uma maior produtividade dos seus colaboradores em inúmeras tarefas.

Líderes, mestres em administrar bem o tempo são aqueles que sabem muito bem como proceder diante das seguintes situações:

➡ "fazer isto agora é vital";

➡ "estamos diante de uma condição crítica";

- "precisamos terminar tudo isso hoje";
- "...mas isso é a nossa prioridade máxima";
- "trata-se agora de vida ou morte";
- "é urgentíssimo providenciar tudo agora".
  Etc.

Um líder que deseja manejar bem o seu tempo útil deve com certa freqüência revisar todas as suas demandas e reclassificar as suas prioridades.

No fundo, o líder que sabe priorizar é aquele que entende e aplica o seguinte raciocínio: "Se você é capaz de aproveitar melhor e obter mais valor do seu tempo de trabalho, isto certamente lhe permitirá ser mais eficaz."

E uma regra simples para aumentar essa eficácia é fazendo apenas as coisas que são as melhores para serem feitas em um dado momento...

Nesse sentido, os líderes procuram executar mais as coisas que possam alterar de forma positiva o futuro.

Infelizmente muitas pessoas só pensam em como se pode tornar o **hoje** o **melhor possível** e **não o amanhã**.

Já o líder planejador procura resolver as coisas para o amanhã e que devem ser feitas urgentemente hoje.

Por incrível que pareça, as coisas que mudam o futuro dão a cada pessoa um controle maior sobre o "hoje", quando ele chegar.

4) Buscam executar as suas ações com perfeição.

Para ser excelente na execução de alguma tarefa, uma pessoa precisa ser muito competente.

E a competência é a aptidão para fazer bem algum serviço.

A competência tem dois componentes importantes: o **conhecimento** e a **aptidão** ou **habilidade**.

De uma forma simples deve-se entender o conhecimento como algo que a pessoa sabe, e a aptidão, como aquilo que um indivíduo pode fazer.

Claro que ambas os componentes são importantes, e à medida que eles aumentam, o líder fica naturalmente mais competente.

É certo que para se ter pessoas com conhecimentos e habilidades, elas devem estudar e participar de treinamentos continuamente.

Assim, sobretudo no século XXI – **a era do capital intelectual** –, o maior investimento que um líder busca para si e para aqueles que o ajudam é o de poder estudar e treinar sem parar...

O líder precisa estar atualizado e ser suficientemente flexível para que submetido a um certo treinamento ele seja eficaz, isto é, lhe assegure alguma mudança de comportamento permanente.

Aliás, um treinamento só é efetivo quando ele garante que o desempenho individual esteja exatamente de acordo com padrões esperados pelo líder (ou pela alta administração) de uma empresa.

5) Apóiam o surgimento de "novos campeões".

O fato é que se as pessoas que trabalham com você são fracas ou ineficientes, então a sua liderança estará bem enfraquecida.

Já se os indivíduos que estiverem trabalhando consigo forem hábeis, então você também estará fortalecido e poderá almejar mais eficácia no trabalho.

É evidente que toda pessoa tem potencial para ser melhor do que é, e o líder é o **responsável** por suprir essa ajuda a cada um dos seguidores.

Uma pessoa que percebe que está evoluindo, que está vencendo, que está caminhando para se tornar um campeão, obviamente sente a sua auto-estima aumentar.

À medida que a auto-estima de um indivíduo cresce, ele passa a contribuir com muitas coisas que usualmente não eram da sua "alçada", pois ninguém confiava nas suas idéias...

O líder eficaz é aquele que busca mudar o comportamento dos seus colaboradores, educando-os para que tenham competência para romper paradigmas e se tornarem "campeões" de novos procedimentos.

6) Sabem ditar o ritmo.

Um líder para poder impor um ritmo eficaz aos seus colaboradores faz uso dos 3Ds, isto é: da **disciplina**, da **determinação** e do **desejo**.

Na realidade, ele sabe que toda ação deve ser orientada pela disciplina; que o desejo é dirigido pela determinação, e que a emoção é guiada pelo desejo.

Além disso, o líder que estabelece a **velocidade da marcha** tem sempre em mente uma grande determinação para auxiliar o desenvolvimento pleno do potencial de todos aqueles com os quais tem contato, e que colaboram com ele para atingir seus objetivos.

Para motivar os outros a segui-lo numa certa velocidade, o líder deve ter **carisma,** que é aquela qualidade que atrai as pessoas e cria nelas o desejo de acompanhá-lo, de fazer parte dos seus planos e das suas visões.

7) Incutem a integridade e a habilidade de aprender entre todos os membros de uma organização.

A integridade e a habilidade de aprender provavelmente são as duas qualidades mais importantes que se deve buscar nos colaboradores.

A integridade é aquela qualidade que dá confiança ao líder de que os seus auxiliares farão o que disseram que iriam fazer.

Por sua vez, a habilidade de aprender é aquela qualidade segundo a qual um indivíduo escuta o que lhe é dito, procura assimilar o que lhe é ensinado e então aplica o que aprendeu.

Não se deve confundir habilidade de aprender (ou "aprendizibilidade") com docilidade.

O líder de classe mundial está portanto consciente de que deve ter seguidores disciplinados, pois estes são os que podem progredir, e se forem também íntegros certamente se desenvolverão.

8) Criam uma estrutura de prioridades que sirva como referência para todos na empresa.

Um líder, ao estabelecer as prioridades organizacionais, define com clareza para todos os empregados o que deve ser feito para que o seu trabalho seja considerado correto e adequado.

Ademais, as prioridades organizacionais precisam ser constantemente repetidas, reintegradas e referidas nas comunicações que o líder tem com os seus colaboradores.

Uma das importantes prioridades de uma empresa deve ser a resposta nova para a pergunta: **"Existe uma forma melhor para fazer isto?"**

O melhor aqui pode significar: mais rápido, mais barato, com qualidade maior, com menos desperdício, atendimento ao cliente aperfeiçoado, etc.

9) Comunicam como eficácia as suas convicções.

É natural que a convicção de um líder está geralmente fundamentada no seu conhecimento, e não apenas na sua intuição.

Ter uma convicção é primordial pois estimula a **persistir** quando sem ela muitos poderiam ter desistido!!!

Enquanto a paixão é crucial para um líder conseguir uma comunicação bem-sucedida da sua convicção, isto por si só não a sustenta.

Uma convicção para vingar precisa sempre apresentar um **propósito**.

O propósito descreve o resultado que se alcançará caso se aja de acordo com a convicção, destacando-se obviamente os benefícios que serão obtidos.

Assim, se o **conhecimento** é a **base**, **paixão**, **crença** e **propósito** são os **pilares** que vão sustentar firmemente a convicção de um líder.

O líder que tem convicções sabe muito bem que quando as pessoas entendem o "por que" delas torna-se muito mais fácil obter seu entusiasmo para as atividades que devem ser desenvolvidas para materializá-las.

10) Guiam os seus adeptos em tempos de transição turbulenta.

Para promover as mudanças, um líder sabe que isto se torna muito mais simples quando ele consegue passar aos seus seguidores **antecipadamente** a importância da sua implantação.

Dessa forma, eles não apenas reagem, mas têm tempo para fazer sugestões e comportar-se proativamente no sentido de adequar-se às mudanças.

Ninguém pode esquecer que todas as pessoas precisam de um certo tempo para absorver novas informações.

Na realidade, elas precisam ter as explicações corretas sobre as seguintes questões:

- Quando ocorrerá a mudança?
- Que outras mudanças poderão surgir depois?
- A quem afetará essa mudança?
- Por que isto precisa acontecer?
- Como cada um pode ajudar para tornar a mudança eficaz?
Etc.

De fato, para ter uma implementação eficaz de uma mudança, o líder de classe mundial sabe que precisa do envolvimento de todos aqueles que foram atingidos por ela, recebendo deles as sugestões que ajudem a introduzi-la da melhor forma.

Resumindo, pode-se concluir que um líder de classe mundial é aquele que demonstra:
1) **Humildade**, ou seja, tem a aptidão de controlar seu ego, o que obviamente não deve ser confundido com timidez.
2) **Competência**, isto é, evidencia ter conhecimento e habilidades na área de sua responsabilidade.
3) **Adaptabilidade**, o que significa que ele consegue facilmente se adequar aos estilos dos outros, e os que se aproximam dele percebem imediatamente a sua integridade.
4) **Disciplina**, fazendo consistentemente tudo aquilo que promete fazer.
5) **Convicção**, que comunica com perseverança e exibe segurança, audácia e confiança em si próprio.

6) **Determinação**, assumindo a responsabilidade pelas suas ações e não titubeando para tomar as decisões.
7) **Conhecimento**, ou seja, usando sabiamente o seu capital intelectual para promover as ações eficazes e não ter vergonha de adquirir mais conhecimentos quando estiver com alguma dúvida.
8) **Conhecer o rumo**, isto é, sabe estabelecer metas e objetivos com uma visão clara não apenas para si, mas para todos aqueles que o seguem.
9) **Clareza**, comunicando-se de tal maneira que o que diz é compreendido na sua presença e lembrado também na sua ausência.
10) **Carisma**, que não significa evidentemente ter a habilidade de vencer um concurso de popularidade, mas, ao contrário, conseguir que todos o achem agradável, amável e digno de estima.
O fato é que todas as pessoas procuram gravitar em torno de indivíduos dos quais gostam, e desta maneira um líder precisa ter o carisma de ser amigo de todos.

É a integração dessas dez qualidades que constitui o conjunto equilibrado de competências necessário para que alguém almeje ser um **líder de classe mundial**.

Longevidade Corporativa

O QUE POSSIBILITA A LONGEVIDADE CORPORATIVA?

Quem dá uma excelente resposta para essa pergunta é Arie de Geus, que foi executivo do Grupo Royal Dutch Shell por 38 anos em 3 continentes, até no Brasil, chegando a assumir a presidência em algumas dessas regiões. Atualmente é professor convidado da London Business School e membro do Conselho do Centro de Aprendizado Organizacional do Massachusetts Institute of Technology (MIT).

É também autor do livro *A Empresa Viva: Como as Organizações podem Aprender a Prosperar e se Perpetuar*, que recebeu aceitação no mundo todo, levando inclusive Peter Senge a considerá-lo como o verdadeiro criador do conceito de *learning organization* (aprendizado organizacional).

Arie de Geus acha que o que permitiu a **longevidade coorporativa** das empresas com as quais trabalhou (ou observou) foram quatro fatores principais, a saber:

1) As empresas longevas eram **sensíveis ao seu ambiente**.

Quer tivessem construído suas fortunas com base no conhecimento (como as constantes inovações tecnológicas da DuPont) ou em recursos naturais (como o acesso da Hudson Bay Company às peles nas florestas canadenses), elas permaneceram em harmonia com o mundo à sua volta.

Mesmo em meio às marés de guerras, depressão, novas tecnologias e mudanças políticas, elas pareciam sempre primar por manter seus sensores ligados e sintonizados com o que fosse que estivesse acontecendo em torno delas.

2) Empresas longevas eram **coesas** e dotadas de um **forte senso de identidade**.

Não importava a extensão de sua diversificação: seus funcionários (e, por vezes, até mesmo seus fornecedores) sentiam que eram todos parte de uma só entidade.

3) Empresas longevas eram **tolerantes**.

Geralmente evitavam exercer qualquer controle centralizado sobre tentativas de diversificar a empresa, sendo particularmente tolerantes com atividades que se desenrolavam à margem: experimentos, atividades paralelas e excentricidades dentro dos limites da empresa coesa.

4) Empresas longevas eram **conservadoras nas finanças**, eram frugais e não arriscavam gratuitamente seu capital.

Elas entendiam o significado do dinheiro à moda antiga; sabiam a utilidade de se ter alguma reserva em caixa.

O fato de ter dinheiro na mão dava-lhes flexibilidade e independência de ação.

Elas podiam buscar opções que as empresas concorrentes não seriam capazes de tentar obter.

Assim, as empresas longevas tinham sempre recursos para agarrar as oportunidades sem ter primeiro de convencer financiadores externos da atratividade daquelas oportunidades.

No seu livro, Arie de Geus reforçou: "As quatro características: sensibilidade ao meio ambiente, coesão e identidade, tolerância e descentralização, e conservadorismo financeiro são as características recorrentes em empresas que conseguiram sobreviver às outras.

Muitas pessoas pensam e falam naturalmente de empresas como se estivessem falando de uma criatura orgânica, viva, com mente e personalidade próprias.

Todas as empresas de fato exibem comportamentos e certas características de entidades vivas.

Todas as empresas aprendem.

Todas as empresas, explicitamente ou não, têm uma identidade que determina sua coerência.

Todas as empresas crescem e se desenvolvem até o momento em que morrem.

A idéia de empresa viva traz em si imensas implicações práticas, cotidianas para os gerentes.

Ela significa que em um mundo que se modifica de forma substancial, muitas vezes durante o curso de sua carreira profissional você precisa envolver as pessoas no desenvolvimento continuado da empresa.

Como todos os organismos, a empresa viva existe primeiramente para buscar sua própria sobrevivência e desenvolvimento, ou seja, para realizar seu potencial e crescer o máximo possível.

Ela não existe unicamente para fornecer produtos aos clientes ou para dar retorno de investimento aos acionistas, da mesma forma como qualquer pessoa não existe unicamente em função de seu emprego ou de sua carreira.

Afinal, todo indivíduo é uma identidade viva.

Obviamente, cada ser humano existe para sobreviver e prosperar: trabalhar em seu emprego é, portanto, um meio para cada pessoa chegar a esse fim.

Da mesma forma, dar aos acionistas retorno sobre seu investimento e servir aos clientes são meios para se chegar a um fim semelhante à IBM, à Royal Dutch/Shell, à Exxon, à Procter & Gamble, à General Electric, à General Motors e a todas as outras empresas."

Lucratividade

QUAIS SÃO OS MANDAMENTOS DA LUCRATIVIDADE?

Uma pessoa que tem toda a autoridade para falar sobre lucratividade é Alberto Saraiva, fundador e presidente da rede brasileira Habib's (hoje com muitas unidades fora do País...) e que, tudo faz crer, é atualmente a maior cadeia de *fast-food* de comida árabe do mundo!!! Ele é também o autor de *Os Mandamentos da Lucratividade* que é um verdadeiro **Manual do Empreendedor**. Como diz o governador do Estado de São Paulo, Geraldo Alckmin, na apresentação do livro: "É uma história de vida; a trajetória de alguém que enfrentou dificuldades, superou todos os obstáculos e venceu.

É, portanto uma experiência de valor inestimável, não só para todos aqueles que pretendem entrar para o mundo dos negócios, mas para qualquer pessoa que busque o sucesso profissional."

Alberto Saraiva conta no seu livro: "Aos 20 anos, perdi meu pai em um assalto na padaria, época em que cursava o meu primeiro ano da faculdade de Medicina.

Naquele tempo, já pensava diferente dos meus colegas da faculdade.

Todos desejavam se formar para ganhar dinheiro com consultas médicas. **Eu, não!!!**

Enquanto meus colegas pensavam em ganhar dinheiro em seus consultórios, cobrando consultas, eu planejava algo diferente.

Todas as minhas consultas seriam de graça, sem cobrar um centavo por elas.

Mesmo assim, procuraria dar o melhor atendimento possível, com qualidade, profissionalismo e seriedade nos serviços prestados.

'Isto seria possível, ou seja, daria para sobreviver sem cobrar consultas? Como ficaria a lucratividade?'

Bem, se eu me especializasse em Dermatologia, por exemplo, montaria uma clínica de estética. Ofereceria tratamentos modernos e eficácia comprovada para manter por mais tempo a vitalidade da pele. Coisas do tipo: como ficar mais jovem, evitando rugas.

Faria tudo do melhor, tudo que atendesse às expectativas e os desejos dos meus clientes.

Nos meus planos e na minha imaginação, essa clínica lotaria todos os dias.

O lucro apareceria e eu acreditava que não seria necessário cobrar por consultas...

No final, o destino alterou meus sonhos e nada disso se tornou realidade.

Acabei me formando médico, mas minha especialidade se tornou *restauranter* – dono de restaurante.

Quando somos pobres e temos que vencer pelas próprias mãos, enfrentamos obstáculos e dificuldades com mais coragem e determinação.

Temos a bravura de um touro na arena.

Não nos abatemos por nada.

Vamos em frente, não importa o que possa acontecer.

Não temos nada a perder, a não ser o próprio desejo de vencer.

Quando cultivamos o desejo de vencer pelas próprias mãos, tornamo-nos diferentes, passamos a ter algo mais.

Temos o que chamo de **diferencial**.

Se você não tem um único diferencial, prepare-se para figurar entre a grande maioria de pessoas comuns.

Mas se você encontrou algum **diferencial**, tem boas possibilidades de vencer, porque é isso que faz a diferença na busca de vitórias.

É vital que o diferencial exista, seja percebido, potencializado e corretamente utilizado por quem quer ser um empreendedor bem-sucedido.

É com o diferencial que se faz a diferença.

Além disso, é importante saber que se você acreditar sempre em seu desejo maior de vencer, tudo é possível.

Eu sempre lembro e segui o conselho que meu pai me deu: **'Não desista; é preciso caminhar.'**

Aliás, fiz isso sempre com muita fé!!!"

Alberto Saraiva é hoje exemplo no mundo empresarial brasileiro de persistência, determinação e arrojo empreendedor, pois conseguiu transformar uma pequena lanchonete na maior rede de *fast-food* do País com capital 100% brasileiro.

E no seu livro ele desvenda os mandamentos que seguiu para obter lucratividade na sua rede, e são esses os ensinamentos que todo aquele que almeja alcançar um sucesso próximo de Alberto Saraiva deve seguir.

São estes os mandamentos da lucratividade de Alberto Saraiva:

1º- Andar sempre com o mapa das despesas do seu negócio no bolso.
2º- Manter a folha de pagamento enxuta, com rigor, coragem e convicção, sem descuidar-se e sem mudar o rumo.
3º Gastar o mínimo com terceiros, ou seja, verticalizar tudo o que puder.
4º É imprescindível qualificar as vendas, priorizando os **4 Qs**, isto é: o **q**ue se vende; **q**uanto se vende; para **q**uem se vende e **q**uem cuida da venda.
5º Criar continuamente motivações financeiras e de reconhecimento durante o ano todo.
6º Manter os funcionários "colunas mestras", ou seja, aqueles eficientes e comprometidos com a lucratividade.
7º Servir bons produtos de maneira mais rápida, sempre com muita atenção aos menores preços possíveis, em local agradável e limpo.

O presidente da rede Habib's, que atualmente tem mais de 140 milhões de clientes e emprega mais de 13 mil funcionários diretos, promete para breve enunciar mais três dos seus mandamentos...

Manufatura Distribuída

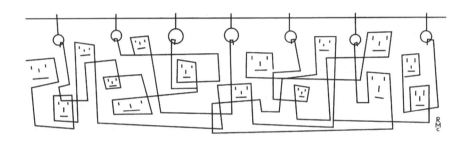

A MANUFATURA DISTRIBUÍDA É A OPORTUNIDADE A SER APROVEITADA?

Claro que sim, e quem explica isso muito bem é Anand Sharma, eleito pela revista *Fortune* como um dos "heróis da manufatura dos EUA", e Patrícia E. Moody, apontada pela mesma revista como uma das dez mulheres pioneiras na manufatura. Eles prestam consultoria para empresas citadas entre as 500 melhores da lista da *Fortune* e escreveram o livro *A Máquina Perfeita – Como Vencer na Nova Economia Produzindo com Menos Recursos*, no qual explicam de forma clara e estimulante que a sobrevivência de qualquer empresa de manufatura no século XXI está vinculada a que ela saiba implementar no seu meio um programa de transformação enxuta (*Lean Sigma*).

Claro que os acontecimentos, nos tempos atuais, têm se caracterizado por um certo exagero.

Mas este novo século provou ser uma era de enormes fusões corporativas, aquisições internacionais e oscilações estonteantes no mercado de ações.

À primeira vista, parece que a única forma de sobreviver será **devorando** todos os outros peixes do aquário!

Entretanto, quando examinamos o futuro, vislumbramos uma situação mais amena e brilhante do que apenas um quadro obscuro e cheio de tensão.

O que se nota hoje em dia são muitos fabricantes dividindo suas fábricas de muitos milhões de dólares, optando por unidades separadas de montagem, posicionadas próximo à maioria de seus melhores clientes.

Com certeza essa proximidade possibilita a criação de novas relações pessoais que levarão a um entendimento melhor das necessidades do cliente, e afinal, ao melhor desenvolvimento do produto.

A fidelidade do cliente deve evidentemente ser cultivada com experiências de um atendimento irrepreensível, conquistado por meio de alianças construídas no contato pessoal, o que será permitido intensamente pela **manufatura distribuída**.

Porém essa idéia amedronta terrivelmente muitos executivos que imaginam que a **descentralização** é uma armadilha que significará para eles a perda do controle.

Entretanto esse controle, que eles ainda entendem à antiga, já nem existe, porquanto os seus funcionários estão espalhados por toda uma nação e pelo globo.

Não é possível mais nas grandes corporações dar uma volta pela fábrica e ter cada processo ao alcance das mãos!?!?

Na medida em que se constrói um futuro fundamentado na manufatura distribuída, devemos ter a seguinte pergunta em mente: qual relacionamento será mais valioso para o seu negócio: aquele que se terá com o cliente ou com o colega de trabalho?

Muitos fabricantes já descobriram os benefícios da redução dos prazos de entrega por estarem próximos de seus clientes, depois de terem gasto muitos anos terceirizando a montagem e a fabricação dos componentes em países estrangeiros.

Realmente as empresas que mais têm progredido são aquelas que têm como objetivo alcançar um ciclo de cinco dias ou menos, desde o pedido até a expedição, quer dizer, criando um ciclo completo desde a entrada do pedido do cliente até a instalação do produto, com um **prazo de entrega máximo de cinco dias**.

Porém, para executar isso, é vital estar perto da ação!

Num futuro breve, haverá fábricas cada vez menores localizadas nos mercados locais e destinadas a produzir para esses mercados, criando exatamente o que os clientes locais querem, quando querem, sem muitos níveis isolados de *marketing*, logística ou gerenciamento de materiais entre eles.

Esta é uma mudança radical em relação aos tradicionais padrões de produção, e mesmo em relação a sistemas de transição como aquele da Dell Computers, que recebe os seus pedidos pela Internet e fabrica os computadores de acordo com as características exigidas pelo cliente.

Desde o início da Revolução Industrial no século XIX novas tecnologias, começando com a máquina a vapor, passando pelo telefone até chegar ao computador, têm conduzido os negócios para novas arenas, nas quais sempre existirão poucas pessoas com visão para aproveitar todas as possibilidades dessas tecnologias recentes.

A tecnologia de comunicações desenvolvida nos últimos anos, por exemplo, seguramente nos facilitou **uma visão de um futuro descentralizado**.

A comunicação instantânea, via Internet, entre sedes e unidades de negócios está assegurando que as operações permaneçam alinhadas aos objetivos de toda a empresa.

Com sistemas de vídeo transmitidos pela Internet, os engenheiros e executivos serão capazes de avaliar a eficácia de operações distantes em tempo real.

Porém, a Internet não resolve totalmente os problemas, pois ainda que toda a comunicação fosse por *fax* ou por um pombo-correio bem treinado, os dogmas da manufatura distribuída permaneceriam os mesmos, isto é, focados no atendimento ao cliente, na responsabilidade com questões da comunidade e na qualidade de vida dos empregados.

Intuitivamente, o mais correto seria praticar a manufatura distribuída nos casos em que os produtos apresentem grande tamanho ou volume físico, pelo simples fato de que expedir grandes itens através de continentes **não só é caro**, mas também demora muito tempo.

Suas linhas de produção podem estar livres de desperdício, seu processo pode ser perfeito, entretanto se você não conseguir ser tão rápido quanto o fabricante daquele mercado local, **provavelmente poderá perder a batalha**.

Naturalmente, atender com **rapidez** – com prazos de entrega mais curtos e tempos de expedição reduzidos – é uma boa razão para encurtar a distância entre suas operações e o cliente final.

Uma das primeiras grandes empresas que entendeu e executou isso de forma brilhante foi a Toyota, começando a agir dessa forma já no início da década de 80.

Com efeito, a Toyota como ninguém notabilizou-se pelo seu sistema de produção enxuta, plano de eventos *kaizen* (melhoria contínua) baseados em trabalho de equipe imbuído do senso de urgência.

Os carros têm um lugar vital na psique do norte-americano.

Por serem itens caros é que a maioria das famílias **não os troca com freqüência**, porém por outro lado eles são também uma expressão de nossa personalidade!?!

Nos EUA (e também no Brasil...) uma pessoa que estaciona uma *pick-up* nova e brilhante em sua garagem faz suposições imediatas sobre o novo vizinho que está saindo com um *sedan* antigo e bem "surrado".

Dessa maneira, não seria nenhum espanto supor que nos anos seguintes à Segunda Guerra Mundial, os norte-americanos pudessem considerar como traição dirigir um carro japonês.

A mudança de mentalidade do cidadão norte-americano médio só começou a acontecer depois que a Toyota tomou a grandemente alardeada decisão de instalar uma fábrica de automóveis em Oakland, no Estado da Califórnia, empregando trabalhadores norte-americanos, utilizando componentes de fornecedores norte-americanos, para fabricar *Corollas* norte-americanos, aplicando quase que integralmente a manufatura distribuída.

Mesmo assim, até 1986 discutia-se bastante sobre as intenções e pretensões da Toyota nos EUA.

➡ Quanto ela estaria investindo realmente?

➡ Algumas peças do carro ainda estavam sendo produzidas no Japão. Isso significava que os japoneses não confiavam nos componentes norte-americanos?

Depois de um certo tempo, como se podia prever, a Toyota **não era mais uma empresa japonesa**.

Ela era norte-americana!!!

Membros da mesma família trabalhavam para a Toyota ou para as novas indústrias que tinham aparecido em torno da sua fábrica.

Em menos de uma década, a Toyota era a empresa que **mais vendia carros** nos EUA!

Se você não acredita, entre na página da Toyota na Internet e constatará as palavras e os fatos que claramente evidenciam a seguinte mensagem: **nós somos norte-americanos**.

Já em 1999 a Toyota comprava 75% das peças e materiais dos seus veículos (produção superior a 1 milhão por ano) de mais de quinhentos fornecedores norte-americanos, gastando bilhões de dólares nessas aquisições.

Atualmente a Toyota vive entre os norte-americanos, estuda seus desejos, contrata seus filhos e faz manutenção em seus carros.

➡ **Como é que uma empresa assim pode ser considerada estrangeira?**

Não deve, pois ela está aplicando a manufatura distribuída que inclusive lhe dá um outro benefício: permite produzir e vender utilizando uma única moeda, com o que escapa de um grande problema que são as flutuações de moeda causadas por uma crise ou uma recessão, como a que aconteceu no início da década de 90 no Japão.

Muito do que líderes da manufatura e da cadeia de abastecimento conseguiram nos últimos 160 anos foi feito pelas mãos humanas, no entanto sem o total engajamento das mentes humanas.

Justamente a transformação *Lean Sigma* destaca que se deve agora reconhecer e posicionar o capital humano antes da transformação, até porque o capital intelectual é o único ativo que valoriza de forma diferencial uma empresa.

E isto se pode conseguir mais rapidamente na manufatura distribuída.

Os líderes e operadores nas novas fábricas de manufatura distribuída não podem mais permanecer neutros ou descomprometidos, pois com a transferência clara de poder para as mãos das pessoas diretamente responsáveis por agregar valor aos produtos e serviços da empresa aumentarão as expectativas de que elas assumirão responsabilidades, obterão os resultados e terão assim muito mais motivação.

Com essa transformação, deve-se entretanto estar preparado para testemunhar a saída de executivos e trabalhadores que adoram a rotina.

Mas dirigir uma boa operação, através da responsabilidade coletiva, se constituirá no orgulho das equipes de profissionais treinados.

Claro que essa mudança é difícil, porém o seu efeito é notável.

São os bons processos – o combustível de uma máquina perfeita – que criam riqueza, e a riqueza cria oportunidades de crescimento para trabalhadores mais responsáveis.

E neste início do século XXI tem-se uma ótima ocasião para que os profissionais da manufatura e da cadeia de abastecimento promovam uma nova Revolução Industrial.

Esta década, para a manufatura, continuará a ser repleta de grande entusiasmo, com fluxos de inovações que transmitirão muita energia e o aparecimento de líderes mais novos e mais bem preparados para fazer com que a inteligência volte aos nossos processos e promova o crescimento das empresas, apoiado exclusivamente nos sucessos das operações de manufatura.

Em cada década, desde a Revolução Industrial, os fabricantes têm sido os inovadores, os pioneiros e os indicadores das futuras metodologias que têm estabelecido o tom para economias inteiras.

É a visão da manufatura distribuída e da disciplina da *Lean Sigma* (foco centrado no cliente; serviços e produtos de qualidade; rapidez de resposta; delegação de poder aos funcionários; foco na eliminação de desperdícios; ação e orientação nos resultados, velocidade; atenção contínua na intensa concorrência), apoiada no projeto do sistema de manufatura baseado na demanda – é o que permitirá às empresas, algumas das quais com suas raízes nos séculos XVIII e XIX, permanecerem vivas e saudáveis nos próximos dois séculos.

Essa é uma oportunidade há muito esperada, e os gestores líderes das empresas de manufatura têm a responsabilidade de promover a transformação de suas organizações para a manufatura distribuída, usando os melhores profissionais, as melhores ferramentas e uma liderança de energia, pois uma oportunidade assim só aparece uma vez a cada 160 anos!

Aproveitem-na, e boa sorte a todos!!!

Marcas de Amor

Aí vão umas piadinhas ligadas de alguma forma ao amor...

Questão de gosto!!!
– Querido, o que você prefere? Uma mulher bonita ou uma mulher inteligente?
– Nem uma, nem outra. Você sabe que eu só gosto de você!!!

Indicação infalível.
Um alegre rapaz voltou todo agitado para sua casa e conta para a mãe que se apaixonou e agora vai casar.
A mãe o interpela e ele faz a seguinte oferta a ela:
– Mãe, eu vou trazer aqui amanhã três mulheres e você irá tentar adivinhar com qual delas vou me casar, pois ela é a "marca do amor".
A mãe acha a proposta interessante.
No dia seguinte, ele traz três mulheres lindíssimas. Que marca não?
Elas ficam conversando com a mãe do rapaz por algumas horas e depois que saem o filho pergunta:
– Então, mãe, você é capaz de adivinhar com qual eu vou me casar?
A mãe responde imediatamente.
– Com a loira.
O rapaz fica perplexo e questiona a progenitora:
– É incrível mãe. Você acertou! Como é que chegou a essa conclusão?
A mãe responde, com certo aborrecimento:
- **Não gostei dela...**
Pois é, isto acontece, pois o que é "marca de amor" pode ser marca de desgosto ou até de ódio para outras pessoas!!!

Alguém achou que usando a idéia de lembrar do Hino Nacional, seria bom tembém para recordar algumas das melhores marcas que existem no Brasil. Aí vai o texto.

Num posto da , às margens plácidas,

De um **VOLVO** heróico retumbante

 da liberdade em fulgido

Brilhou no da pátria nesse instante

Se o dessa igualdade

Conseguimos conquistar com braço

Em teu SEIKO, ó liberdade

Desafio nosso peito à **Microsoft**

O **parmalat**, , salve a **SHARP**

Amil um sonho intenso, um rádio **PHILIPS**

De amor e **Lufthansa** a desce

intel formoso céu risonho

A imagem do **Bradesco** resplandece

Gillette pela própria natureza

És belo impávido colosso

E o teu futuro espelha essa **Grendene**, gelada

Entre outras mil é **Suvinil**, **COMPAQ** amada.

Do **Philco** deste solo és mãe **DORIL**, , !!!

Será que você aprovou essa mensagem?
Essas são suas marcas de amor?

VOCÊ ENTENDE DE *LOVEMARKS*?

Certamente não sabe tudo (ou até bem pouco), e aí o que deve fazer é ler o maravilhoso livro de Kevin Roberts, intitulado *Lovemarks – O Futuro Além das Marcas*.

Em primeiro lugar, porque Kevin Roberts é o CEO mundial da Companhia de Idéias Saatchi & Saatchi, supervisionando uma equipe internacional que reúne mais de 7 mil pessoas de criação em 82 países, que ajudam de forma fundamental o crescimento de inúmeras marcas no mundo, fazendo com que elas se tornassem *lovemarks* (**marcas de amor/coração ou de paixão**).

Em segundo lugar, porque o livro é repleto de conceitos e histórias que servem para aumentar o capital intelectual e o talento profissional de todos aqueles que se consideram especialistas em negócios – **os empreendedores** – e de todos os indivíduos especiais, que Kevin Roberts chama de "**consumidores especiais**", que são os que têm competência para moldar o futuro do comércio.

Claro que o livro também proporciona a todos os profissionais de *marketing* experientes novas formas de pensar como fixar uma marca e estimula os leitores de um modo geral a pensar com criatividade sobre o mistério, sensualidade e intimidade no trabalho de fixação de uma marca, tornando-a uma *lovemark*.

Na realidade, as *lovemarks* são determinadas pelos clientes e não pelos fabricantes. Explicar isso é o que Kevin Roberts busca fazer através de inúmeros casos comprovados.

Portanto, as *lovemarks* não são propriedade dos fabricantes, dos produtores, das empresas. **São das pessoas que as amam!!!**

Uma marca se torna uma **marca do amor** (*lovemark*) quando as pessoas que a amam lhe dizem isso. Entretanto, simplesmente sentar e aguardar que os clientes lhe digam que você é uma **marca do amor** pode transformar-se em uma longa espera.

Amor diz respeito a ação.

Diz respeito a criar um relacionamento expressivo.

É um processo constante de se manter em contato, trabalhar com os clientes, entendê-los, conviver com eles.

E é isso que os profissionais de *marketing* perspicazes, *designers* sensíveis e pessoas sábias fazem todos os dias nos pontos de venda e nas linhas de produção.

Os clientes sentem o cheiro de falsidade a quilômetros de distância.

Se você não ama o próprio negócio, eles também não o amarão.

Eles precisam opinar sobre o desenvolvimento de novos produtos e dar idéias para os seus serviços.

Envolva-os em tudo, porém não apresente simplesmente o que lhe disserem.

Assuma o compromisso de mudar.

Seja criativo!!!

Marcas de amor são infundidas em histórias marcantes e invocadoras.

Em seu melhor estilo, podem se tornar lendas míticas.

Relembram grandes aventuras da empresa, seus produtos e seus consumidores lendários.

Contar historias sobre isso glorifica, dando vazão a novos significados, conexões e sentimentos.

As *lovemarks* são, por definição, as melhores de sua classe para aqueles que as amam.

A paixão por uma *lovemark* pode ser intensa.

No extremo da escala, as pessoas darão a vida por sua marca de amor.

Na verdade, os países provavelmente são as **marcas de amor mais poderosas que existem!!!**

Somente com a intimidade é possível derrubar o isolamento das pessoas e entender profundamente o que elas querem.

Existir a **intimidade** é essencial para tornar-se uma *lovemark*.

Talvez o melhor exemplo do uso extremamente eficaz da intimidade é o da apresentadora de programas de TV, Oprah Winfrey, a mais popular e rica dos EUA.

Diversos apresentadores nos seus programas dão uma mescla de conselhos e de suas percepções aos telespectadores, porém nenhum deles usa com tanta propriedade a **intimidade** como ela.

A câmera ama Oprah Winfrey, mas em vez de apenas corresponder a esse amor, como fazem os outros apresentadores, seu olhar atravessa a câmera para conectar-se diretamente com a audiência.

Esse é o segredo de Oprah Winfrey.

Transformação, não apenas comunicação, ajudando principalmente as mulheres que assistem a seu programa a criar intimidade na vida e nos relacionamentos.

A intimidade tem três faces muito diferentes.

A primeira é **empatia**.

Só existe uma forma de entender as emoções dos outros, ou de entender de tudo isso. Ouvindo.

A empatia é criada a partir da tensão entre o som da voz e o silêncio pretendido.

Com empatia, flertes se tornam casos de amor duradouros.

Sem empatia, você não cria emoção nem intimidade, e pode esquecer tudo sobre sinceridade e transformar a visão do cliente.

Por exemplo, o *Camry*, da Toyota, é uma *lovemark* não simplesmente porque tem sido ano após ano o carro campeão de vendas nos EUA, mas porque tem uma empatia extraordinária com muitos clientes. E agora já chegou o *Prius*, um carro ecológico...

A segunda face é o **compromisso**, que permite provar que uma empresa através de seu produto quer estabelecer um relacionamento duradouro com os seus clientes.

Uma excelente forma de entender o que é compromisso e a sua diferença com envolvimento está na definição: em um prato com bacon e ovos, o porco está comprometido e a galinha apenas envolvida!!!

O compromisso pode transformar a fidelidade, representada por uma aceitação automática, em um estado de conscientização real, impregnado de emoção verdadeira – **fidelidade além da razão**.

Aliás, foi a fidelidade além da razão que convenceu os usuários da Apple a continuar comprando a marca, quando a Apple produziu caixas bege, inexpressivas, sem nenhuma diferenciação do mercado.

Se, antes, aderir ao Apple era demonstração de autenticidade, comprar um desses computadores passou a ser um grande favor.

Mesmo assim, muitos não se desfaziam deles – perguntando-se o tempo todo – por quê?

Steve Jobs fez seu retorno triunfal à Apple em 1994.

De volta aos trilhos, a companhia foi para a liderança e lá ficou. Aí, todos aqueles consumidores comprometidos se sentiram vingados, e continuaram mais fiéis do que nunca...

A terceira face da intimidade é a **paixão**.

Acontece que, quando existe paixão o mais difícil dos objetivos pode ser alcançado.

Com paixão, os planos mais bem traçados podem se deteriorar e perecer.

Tê-la é pois uma benção e um dom.

Quando a Nike contratou Michael Jordan, dificilmente a sua alta administração suspeitava de quanto os seus clientes ficariam apaixonados por esse homem.

O fenômeno Michael Jordan, que é parte da marca Nike, continua a demonstrar um amor inexplicável por aquele homem.

Bem entendido como a intimidade auxilia a criar uma *lovemark*, surge a pergunta óbvia: por que uma empresa precisa se preocupar se seus produtos são *lovemarks* ou não?

A resposta é: **porque é assim que criamos um mundo no qual gostamos de viver!!!**

E é assim também que criamos relacionamentos duradouros e fidelidade além da razão.

Conquistamos consumidores que amam a nossa marca.

Sem amor, é garantido que um dia até as melhores empresas tombarão.

Elas nem sentirão o perigo se aproximando, pois ninguém estará preocupado o suficiente e pronto para avisá-las.

Isso já aconteceu antes e vai acontecer de novo.

Mesmo que você seja o maior, o melhor e o mais inteligente, por que não desejaria ser o mais amado?

Por que não iria querer fazer do mundo um lugar melhor?

Então procure ser uma *lovemark*!!!

Marketing 1

KOTLER RESPONDE ÀS SUAS DÚVIDAS?!?!

Foi lançado recentemente pela Artmed Editora – Bookman Companhia Editora, o livro *O Marketing sem Segredos*, de autoria do grande guru da área Philip Kotler, no qual ele responde a inúmeras perguntas que lhe foram feitas nas centenas de cursos e palestras que deu em vários locais do planeta.

Assim o livro poderia se chamar: ***Tudo o que você sempre quis saber sobre marketing, porém tinha medo de perguntar***.

Aí vão cinco dessas perguntas:
1) Que tipo de impacto a Internet vem exercendo sobre o *marketing*?
Philip Kotler – "Realmente na área do *business-to-business* (B2B), a Internet está revolucionando a prática e a eficiência comerciais.

As organizações hoje têm muito mais informações sobre os fornecedores e seus respectivos preços; existe uma confiança maior em leilões e em solicitações de propostas, e muito mais transações estão acontecendo pela Internet.

Porém acredito que em 2005, principalmente nas empresas médias – ao menos nos EUA – só se esteja usando cerca de **10%** do potencial da Internet.

A maioria das empresas ainda acha que usa o potencial da Internet ao lançar o seu *site*!?!?

Mas aí eu faria as seguintes perguntas a esta empresa:
- Usa a Internet para testar novos produtos e conceitos de *marketing* valendo-se de grupos de foco *on-line* e painéis de consumidores?
- Definiu alguém para pesquisar as estratégias, táticas e os recursos de concorrentes usando a rica via de informações da Internet?
- Usa a Internet para treinar e se comunicar com funcionários, revendedores e fornecedores?
- Usa o seu *site* para recrutar funcionários?
- Distribui cupons e amostras pela Internet?
- Monitora salas de bate-papo para saber o que as pessoas falam sobre produtos, empresas e marcas relacionadas com seu negócio?
- Etc.

Pois suspeito que ainda (...) a maioria dos responsáveis pelo *marketing* das empresas não conseguiria responder 'sim' a várias dessas questões, o que quer dizer que não estão usando a Internet para aumentar a eficácia do *marketing*."

2) Como a Internet afetará a prática do *marketing*?
Philip Kotler – "A Internet terá efeitos profundos sobre a prática do *marketing*.

A Internet já está conectando os funcionários das empresas uns com os outros e com a matriz de forma a facilitar a obtenção das informações, o aconselhamento e a transferência do aprendizado numa velocidade inacreditável.

As pessoas de um modo geral estão muito pressionadas pelo tempo, e a Internet oferece a possibilidade de rapidamente obter excelentes informações para avaliar ofertas e fazer encomendas de forma adequada.

As empresas podem atualmente pesquisar mercados, clientes e concorrentes, além de distribuidores, revendedores e fornecedores pela Internet.

A Internet está crescendo como um veículo de compras para determinados bens de consumo, como livros, música, flores, vinhos, viagens, e até mesmo carros.

Por exemplo, a Dell Computer vende mais de US$ 3,4 milhões por dia em computadores pela Internet para indivíduos e empresas.

A Cisco, por outro lado, faz mais de 50% dos seus negócios pela Internet.

E já são milhares as empresas no mundo que só fazem seus negócios pela Internet, como a famosa livraria virtual Amazon..."

3) Quais são as vantagens e desvantagens de usar a Internet para as estratégias de *marketing*?

Philip Kotler – "Existem várias maneiras segundo as quais o *marketing* eletrônico altera radicalmente as atividades tradicionais de *marketing*.

No *marketing* eletrônico, a empresa pode obter informações sobre compradores.

As pessoas que compram em lojas e pagam em dinheiro **não deixam rastros**.

Porém, todas as compras pela Internet são feitas com cartões de crédito, o que possibilita aos varejistas eletrônicos poder montar um rico banco de dados sobre os clientes.

Efetivamente, no *marketing* eletrônico existe a possibilidade de mais personalização de ofertas e mensagens ao mercado.

O comprador eletrônico economiza dinheiro e tempo ao fazer uma encomenda, pois não há deslocamento e nem espera em filas.

O comprador eletrônico pode comparar os preços facilmente, uma vez que está a apenas um clique de distância de outros vendedores.

É óbvio que o *marketing* eletrônico tem limitações.

Os compradores não podem sentir ou examinar os bens antes da compra (apesar de poderem devolvê-los se não ficarem satisfeitos...).

Os compradores devem esperar que os bens sejam entregues (algumas vezes não mais que dois dias...), ao passo que na forma de aquisição tradicional poderiam pegar os bens numa loja normalmente no mesmo dia.

Os clientes podem falar diretamente, cara a cara, numa loja, mas isto é bem mais artificial (até agora...) na Internet, ou até não é possível, porém tudo está caminhando para uma situação em que os compradores verão os vendedores na tela do seu computador em todas as transações."

4) O que vem a ser *e-marketing*?

Philip Kotler – "Pode-se chamar o *marketing* na Internet de *cibermarketing*, e significa comunicar e transacionar no espaço de mercado, e não no mercado físico.

Existem três tipos de profissionais de *marketing* cibernéticos.

Em primeiro lugar, existem as empresas que começaram seus negócios pela Internet, como a Amazon.com.

Essas empresas não têm lojas físicas e só vendem pela Internet. Em segundo lugar, existem as empresas que optaram pelas lojas físicas e depois decidiram abrir um segundo canal no ciberespaço, como foi o caso da grande cadeia de livrarias Barnes&Noble.

Em terceiro lugar, existem empresas que vendem pelo telefone ou por meio de catálogos, e diversas delas passaram a vender pela Internet também.

Um exemplo dessa transição é o que aconteceu na Dell Computer."

5) A Internet reduziu o papel da mídia de massa nas estratégias de *marketing*?

Philip Kotler – "Durante a explosão das empresas virtuais nos EUA (e em outros países ocidentais), o uso da mídia de massa de fato aumentou muito.

Para desenvolver suas marcas, as empresas virtuais gastaram fortunas em propaganda tradicional e em propaganda *on-line*.

O fato é que a mídia de massa continuará sendo uma grande força de *marketing* na **nova economia**.

No entanto, os veículos de comunicação de massa diferentes crescerão em taxas distintas.

Assim, a audiência da televisão poderá diminuir à medida que mais pessoas passarem mais tempo nos computadores e brincando com os *videogames*.

Já a audiência do rádio poderá continuar a crescer à medida que as pessoas passarem mais tempo nos carros por causa do aumento dos congestionamentos no trânsito.

Os jornais poderão ser prejudicados à medida que mais pessoas conseguirem notícias satisfatórias pela Internet.

E as revistas perderão também, se os grupos de interesse migrarem para *sites* de interesse especial na Internet.

No entanto, tudo isso é um pouco de especulação, e certamente irá variar de país para país neste nosso vasto planeta..."

Que belas essas respostas de Philip Kotler, não é?

Breves, porém concisas e extremamente esclarecedoras.

Também Philip Kotler é o maior guru de *marketing* do mundo, que sabe tudo sobre a matéria...

Quantos livros dele você já leu?

Poucos? Então pense em ler logo *O Marketing sem Segredos*!!!

Marketing 2

O *MARKETING* E A TECNOLOGIA DA INFORMAÇÃO (TI) ESTÃO CONVERGINDO?

Segundo Regis McKenna, um dos mais respeitados *experts* do pensamento do *marketing:* "O *marketing* e a tecnologia de informação (TI) estão convergindo, sim!!! *Marketing* hoje é um processo contínuo de aprendizado organizacional e a subseqüente adaptação às mudanças tecnológicas e de mercado ao longo do tempo. É um processo, não apenas um acontecimento.

Permite à empresa (ao produtor) adquirir e aplicar conhecimentos com eficiência ao interagir com os clientes e o mercado (infra-estrutura), de modo a inovar e a reagir de maneira competitiva, confiável, consistente e lucrativa.

As novas realidades da era da informação são:
- a rede é o novo modelo social e cultural em todo o mercado;
- toda a indústria é capaz de produzir mais do que a demanda do mercado;
- as tecnologias digitais de baixo custo em tempo real e a interconectividade global criaram uma máquina do tempo para a evolução social;
- toda transação, queira ou não, gera dados;
- as informações são móveis, conectadas, acessíveis e não muito seguras;
- as informações são descartáveis, e a lealdade de marca, cada vez mais virtual;
- a competição por clientes, a necessidade de manter a produtividade e as incertezas de mercado estão forçando a reestruturação de antigos modelos de negócios e o desenvolvimento de novos, baseados nas atuais arquiteturas de informação criadoras de valor, em novos padrões, na interoperabilidade e em processos interligados e coordenados que abrangem a empresa inteira;
- o *marketing* está desaparecendo numa rede interativa de aplicações de serviço.

O objetivo principal do *marketing* é criar e manter relacionamentos entre o comprador e o vendedor, e expandir e preservar esses relacionamentos ao longo do tempo.

Naturalmente a TI não eliminará esse conceito.

O que ela está aumentando é a responsabilidade de desenvolver e preservar o valor dos relacionamentos com o cliente para toda a empresa, com sua crescente rede de recursos que agregam valor.

As novas ferramentas de *marketing* integram o cliente e constituem soluções cooperativas customizadas em massa e baseadas em redes, capazes de promover um relacionamento de serviço direto, envolvente e contínuo entre o comprador e o vendedor, fundamentado na lealdade.

Aliás, a **lealdade** é algo transparente tanto para o produtor como para o cliente.

Assim, o *marketing* neste início do século XXI torna-se um processo de integrar o cliente como um parceiro que colabora na criação de valor na empresa a longo prazo."

Mentira

"Arnaldo, eu acho que nesses cursos o melhor tipo de defesa é utilizar o nosso *kit* completo de mentiras."

Para esquentar a abordagem sobre a mentira, aí vão duas piadinhas bem rápidas:

Pai desajeitado

Filhinho – Papai, de onde eu vim?

Pai (constrangido) – Bem...sabe...o papai tem uma sementinha...(leva meia hora a explicar da maneira mais didática possível como funciona o "processo de acasalamento").

Filhinho – Ah, tá!...

Pai – Mas por que me perguntou isso, filho?

Filhinho – É que o Luisinho me disse que veio de Ponta Grossa.

> **Boca-livre**
> Desconfiado de que sua festa estava cheia de penetras, o anfitrião grita:
> – Convidados da noiva, para o lado direito!
> Metade se aloja do lado direito dele.
> – Agora, convidados do noivo, do meu lado esquerdo!
> Um monte de gente se junta do lado esquerdo.
> – E, agora, caiam fora vocês! Isto aqui é uma festa de aniversário!

A MENTIRA É UMA CARACTERÍSTICA INEVITÁVEL NA COMUNICAÇÃO ENTRE OS SERES HUMANOS.

Lamentavelmente, de uma forma ou de outra, alguém acaba cotidianamente **contando uma mentira**, seja para não ter problemas no emprego, seja para não complicar sua vida pessoal, ou então, como é o caso de muitos políticos, para mudar o destino de uma cidade, Estado ou nação.

Aliás, quando chega a época de eleição é sempre a mesma coisa, a saber, os candidatos, na sua grande maioria, prometem fazer maravilhas caso sejam eleitos.

Dizem que vão resolver o problema de falta de segurança, melhorar a educação básica, incrementar o número de postos de trabalho, solucionar problemas de trânsito e de falta de habitações dignas, etc.

Meses depois, já eleitos, constata-se que eles não iniciaram nenhum programa que permita tornar reais as suas promessas e tudo o que disseram passa a ser uma **mentira**.

A verdade é que a mentira não é um atributo específico apenas da classe política.

Pode-se infelizmente dizer que todo mundo mente!?!?

E cada ser humano faz isso por motivos diferentes, tais como: vingar-se dos inimigos (ou concorrentes), chamar atenção para "grandes feitos", divertir-se com a reação dos outros, salvar a própria pele, etc.

E o pior é que muitos acabam acreditando nas mentiras, valendo aí a constatação feita por um dos indivíduos mais falaciosos da história da humanidade, isto é, o filósofo italiano

Nicolau Maquiavel (1469-1527), que disse: **"Aquele que engana sempre acha quem se deixe enganar!!!"**

O psicólogo norte-americano Robert Feldman, que estuda a mentira há mais de 20 anos, concluiu que mais de 62% das pessoas mentem em conversas do dia-a-dia, e freqüentemente sem nenhum motivo óbvio.

E por que mentimos?

Naturalmente a intenção primordial é obter algum beneficio.

Assim, por exemplo, quando um homem cordialmente elogia uma mulher pela sua "boa forma" – mesmo que o elogio não corresponda totalmente à realidade – ambos tiram proveito (!?!?) da situação.

Além de fazer a senhorita se sentir bem com uma "pequena" mentira, ele faz com que ela o considere bem mais gentil que a média, o que certamente aumenta a empatia mútua.

Do ponto de vista psicológico, certos tipos de mentira podem auxiliar no contato social.

Dessa maneira, dizer a um paciente que se recupera de uma doença grave que seu aspecto físico está melhor – mesmo que não esteja – pode até ajudar no tratamento.

Isto é, a mentira pode ser desculpada (!?!?) se não prejudicar outras pessoas e for admitida pelo autor.

O ruim é quando as pessoas mentem e já nem se dão conta disso, invocando razões extremas ou imaginárias para esconder o fato de que pretendem obter vantagens com isso.

Muito pior é quando a mentira se torna uma compulsão mórbida.

É o caso da **mitomania**, ou seja, uma tendência de narrar extraordinárias aventuras imaginárias como sendo verdadeiras, ou ainda o hábito de fantasiar desenfreadamente.

Um exemplo foi o personagem interpretado por Leonardo di Caprio em *Prenda-me se For Capaz*, uma película que narra a história verídica de Frank Abagnale Jr., que enganou uma empresa aérea passando-se por piloto profissional e depois por advogado e médico.

Sua carreira de mentiroso terminou quando foi agarrado pelas autoridades.

Aliás, esse é comumente o destino de muitos "pacientes" com mitomania, isto é, enfrentar a polícia e punições da Justiça.

Os médicos, por sua vez, já estão acostumados com um tipo de paciente que é aquela pessoa que se "especializou" em mentir, ou seja, é portador da síndrome de Münchausen.

O nome da doença é uma "homenagem" ao barão de Münchausen, famoso pelas histórias mirabolantes – piores que as dos pescadores... – sobre as suas experiências militares, como aquela de ter "cavalgado uma bala de canhão".

Assim, se para alguns a mentira não passa de um mundo de fantasia e ficção, para muitos outros serve inclusive como artifício capaz de modificar até o rumo da história.

Um exemplo típico é o de Napoleão Bonaparte, que como poucos soube manipular os fatos para alcançar seu objetivo.

Nos idos de 1799, as coisas não iam nada bem para esse conquistador.

O seu sonho de dominar o Oriente Médio estava se dissipando após a humilhante derrota às margens do rio Nilo para o almirante inglês H. Nelson, bem como o seu fracasso na Síria.

Com essas derrotas parecia que estava certo o sepultamento político e bélico de Napoleão Bonaparte.

Mas aí ele soube utilizar a imprensa da época para "soprar" aos quatro ventos, no lugar da verdade, as suas **"fantásticas vitórias"** no Oriente.

Pois bem, as mentiras surtiram efeito e Napoleão Bonaparte, ao retornar à França, foi recebido como vitorioso, e em meio às convulsões sociais que atingiam a França, conseguiu tomar o poder!!!

Tudo faz crer que não apenas Napoleão Bonaparte, mas muitos líderes anteriores a ele e também os contemporâneos – basta ver o que foi divulgado para justificar a invasão do Iraque em 2004, ou seja, que o país estava armazenando armas químicas e biológicas – têm seguido ao pé da letra a **"cartilha da mentira"** do filósofo grego Platão.

Em sua obra *A República*, Platão defende o uso da mentira na política, justificando-o inclusive porque os governantes têm o direito de **não dizer a verdade para os cidadãos**.

Escreveu o filósofo grego: "Se compete a alguém mentir, é aos líderes da cidade, no interesse da própria cidade, em virtude dos inimigos ou dos cidadãos mal intencionados.

Entretanto a todas as demais pessoas **não é lícito** esse recurso!!!"

Talvez apoiado, entre outras coisas nos conceitos de Platão, o ser humano vem tentando justificar ao longo dos séculos essa tendência de "escorregar" em declarações falsas no dia-a-dia, de induzir os outros a certas ações que irão prejudicá-lo, como é o caso de fazer alguém aplicar em ações de uma empresa que claramente está à beira da falência.

Entre os exemplos recentes de pessoas que mentiram enganando muitas outras devem-se citar: o do ex-presidente da World Com Inc., Bernard J. Ebbers, considerado culpado da maior fraude contábil da história dos EUA; o da apresentadora e empresária Martha Stewart, que enganou com suas "sugestões" muitos investidores; o das autoridades ucranianas, que no final de 2004 envenenaram o então candidato e depois presidente eleito Viktor Yuschenko; e o do grande escândalo do presidente da Boeing, Harry Stonecipher, que escondeu a sua relação extraconjugal com uma das vice-presidentes da empresa, Debra Peabody.

O que reforçou o uso da mentira foi talvez a teoria do filósofo italiano Torquato Accetto, que em 1641 afirmou que muitas vezes a verdade é mais prejudicial que a mentira!?!? Explicava Torquato Accetto: "Para mim, não é correto, por exemplo, uma pessoa que vive sob a ditadura ir à praça pública e gritar que o governo está nas mãos de um tirano.

Ele pode dissimular sua critica e a sua 'mentira honesta' terá um efeito final melhor.

É vital que cada um saiba o que pode e o que não pode ser dito em público. Deve-se sempre não infringir o decoro."

Outros estudiosos no passado concluíram também que é adequado dizer uma mentira em certas situação "filantrópicas".

É o caso de alguém que dá guarida a um fugitivo político da Justiça, não informando à polícia o seu paradeiro...

Muitos filósofos, por outro lado, e entre eles o alemão Immanuel Kant, ressaltaram que a mentira era inadmissível em qualquer tipo de circunstância.

Aliás, Immanuel Kant salientou: "É a verdade que está na base do direito, assegurando dessa forma a liberdade de todos os indivíduos.

A mentira, por sua vez, sempre prejudica a alguém, a um grupo de pessoas ou então à humanidade como um todo."

Porém, no século XIX, outro pensador alemão, Friedrich Nietzsche, deixou as pessoas mais confusas ainda em relação à mentira e até em relação à sua própria existência.

Friedrich Nietzsche procurou ensinar que "todos nós precisamos da mentira para conseguir viver nesse mundo falso, cruel, contraditório, inseguro e absurdo".

Em outras palavras, na penosa obrigação de viver neste terrível contexto é imprescindível que o homem para sobreviver faça uso da mentira.

Dizia Friedrich Nietzsche: "O mundo que enxergamos é ilusório e o conhecimento – tudo que a ciência e a filosofia nos ensinam – é uma invenção do homem para explicar o mistério do Universo."

Mas, uma vez que a filosofia e a ciência ainda não esclareceram todas as facetas da falsidade humana, as pessoas vão seguir mentindo, e provavelmente nunca vão parar!?!?

Bem, no século XXI as coisas estão mudando muito e parece que estamos entrando não apenas na era da criatividade, da economia digital e da educação contínua, mas também na era da ética, da moral e da transparência.

Nestes novos tempos, como já pensava Immanuel Kant alguns séculos atrás, não há como desculpar a mentira e ela deve ser banida.

Numa época da tolerância, do respeito à diversidade e de plena democracia, a mentira deveria realmente deixar de existir, ou pelo menos todo aquele que fizesse uso dela deveria ser severamente punido.

O que você acha disso, caro leitor?

Concorda ou discorda?

Espero que você seja do clube da verdade, da moral elevada e da transparência!!!

Mudança de Estratégia

REVENDO AS ESTRATÉGIAS.

É uma obrigação indeclinável da direção de uma empresa moderna estar consciente de que a única certeza é a mudança e que, por decorrência, é preciso renovar para não morrer.
E esse aviso deve estar pregado nas portas de todas as empresas, independentemente do seu porte, especialização e sucesso já alcançado.
Uma das maiores autoridades de *marketing* do País, o prof. Francisco Alberto Madia de Souza, no seu recente livro *Marketing Trends 2005* descreve muito bem as

mais importantes tendências, e inclusive os mais recentes movimentos de mudança tanto nas multinacionais gigantescas como em algumas empresas nacionais.

Assim ele explica porque uma gigante como a Hellmann's decidiu mudar.

E quando a líder do mercado e uma gigantesca corporação como a Hellmann's faz "movimentos abruptos", sobra para todo mundo...

Ou melhor, os concorrentes que se cuidem e tratem velozmente de se reposicionar, sob pena de ficarem a pé nas estradas do mercado e na preferência dos clientes.

Após insistentes pedidos de inúmeros dos seus clientes, a Hellmann's, aquela que faz a **"verdadeira maionese"**, decidiu mudar sua embalagem, migrando, para desespero de seus antigos fornecedores de um lado, e para a alegria dos novos do outro, do **vidro para o plástico**.

O interessante é que há três anos a sua irmã recente, a maionese Arisco, decidiu migrar para o plástico, e desde então suas vendas cresceram de maneira significativa!!!

E nesses três anos, centenas de milhares de mães, cada vez mais ausentes de seus lares em busca de complementação da renda familiar, ou até porque são a "cabeça da família", insistiram com a Hellmann's sobre a necessidade de uma embalagem mais segura para seus "filhos cozinheiros", ou esfomeados mesmo, que tinham de "se virar sozinhos".

E a maionese, na embalagem de vidro, pesada, era uma temeridade.

Os relatos sobre acidentes ocorridos, felizmente sem conseqüências muito graves, existem em todos os cantos do planeta em grande número.

Assim, de um lado inspirada pelo sucesso da irmã, e de outro pressionada pelos insistentes pedidos principalmente das mães, a alta administração da Hellmann's tomou uma decisão radical: partir para a **embalagem de plástico**!!!

Só que líder não pode simplesmente mudar!!!

Tem que mudar preservando a majestade, e preferencialmente, **inovando**.

E foi o que fez a Unilever Bestfoods – que é dona também da Arisco –, investindo R$ 7 milhões em um projeto *in-house* na sua fábrica de Pouso Alegre, no Estado de Minas Gerais, usando a tecnologia da *Amcor Pet Packaging* e desenvolvendo uma embalagem mais fácil e segura de transportar em todo o processo – devido à significativa redução no peso total –, e principalmente na exclusividade de um pote com a posição da logomarca e um desenho de onda em relevo.

Deve-se porém lembrar que a garrafa de vidro retornável apresenta a vantagem sobre a fabricada em PET (politereftalato de etileno) quando o assunto é o impacto causado ao meio ambiente.

Considerando-se as etapas de fabricação, distribuição e reutilização, tendo como limite um raio de distribuição de 400 km, a primeira, ou seja, a de vidro é preferível à segunda.

A maior empresa do mundo, a Wal-Mart, aterrissou no Brasil há quase dez anos imaginando que sua fama e reputação seriam mais que suficientes para fazer tremer os concorrentes locais – nacionais e internacionais – e atrair, fazendo se movimentar quase de joelhos milhares de fornecedores, principalmente os de menor porte. Entretanto o seu formato de negócio inicial, mesmo tendo dado certo em outras nações, não se mostrou totalmente adequado ao mercado brasileiro.

Como destaca Francisco Alberto Madia de Souza: "O pressuposto nessas ocasiões, como sempre é que o 'mercado se curvará a nós', porém isto não aconteceu de imediato.

O fato é que mercados não se curvam a ninguém, particularmente a *newcomers* (recém-chegados) arrogantes e prepotentes, conforme aconteceu, há mais de 30 anos, com a Philip Morris e, mais recentemente, com a Procter&Gamble, no território do sabão em pó."

Há uns três anos a Wal-Mart parece que "acordou" no Brasil e fez o devido e oportuno *mea culpa*, reconsiderando a sua estratégia e começando a instalar uma cadeia de lojas para "brigar" com o líder do mercado brasileiro, o Grupo Pão de Açúcar.

Atualmente, sabendo de que crescer com as próprias pernas seria um longo caminho que não a levaria a lugar nenhum que não fosse à exaustão inconseqüente, a Wal-Mart comprou a cadeia de supermercados BomPreço, controlada pelo grupo holandês Royal Ahold, pela quantia de R\$ 300 milhões.

De uma tacada só quadruplicou o número de lojas, tornou-se a empresa líder da Região Nordeste do Brasil, e saltou do 6º para o 3º lugar no *ranking* do varejo, perdendo só para o Pão de Açúcar e o Carrefour.

Um outro exemplo de mudança radical de estratégia acaba de acontecer com a Coca-Cola, que decidiu, como já foi dito, retornar com as **embalagens retornáveis de vidro** (ao contrário da Hellmann's, que migrou para o plástico...), surpreendendo o mercado e tentando dar um basta às chamadas bebidas alternativas mais conhecidas, genericamente como "tubaínas".

Assim, de uma pancada só, toda uma família de embalagens de vidro retornável aterrissou inicialmente em alguns mercados específicos, podendo na seqüência, dependendo dos resultados, voltar a freqüentar as gôndolas e os pontos-de-venda das mais diferentes regiões do País.

São cinco tamanhos diferentes de Coca-Cola em vidro retornável: 1,250 l, 1 l, 600 ml, 290 ml, 200 ml, o grande *hit* ("tacada" ou lance), que está começando a ser vendida nacionalmente.

O objetivo maior da Coca-Cola do Brasil é o de deter o ataque das bebidas alternativas na classe C, onde ela perdeu mercado nos últimos dois anos em decorrência da queda do poder aquisitivo.

A realidade é que as embalagens retornáveis beneficiam diretamente as classes C e D, pois exigem um menor desembolso, uma vez que o cliente, ao longo do tempo, vai pagar apenas pelo líquido.

Um outro fator importante para a empresa é o fato de que as embalagens retornáveis de vidro acabam custando menos do que as de plástico *one way* (descartáveis ou não-retornáveis), e as "latinhas", por sua vez, dependem ainda de matéria-prima importada, sempre sujeitas aos humores do câmbio.

De qualquer forma, a volta do uso das garrafas de vidro por parte da Coca-Cola, se eventualmente atende às políticas de *marketing* da empresa e agrada a muitos consumidores, para o meio da cadeia de suprimento continua sendo uma interrogação.

Assim, de um lado nos bares, restaurantes, armazéns, etc., até que existem em princípio espaços para estocagem, apesar de que se deve tomar um outro tipo de cuidado na manipulação das garrafas de vidro.

Já nos super e hipermercados esse espaço não existe (!?!?), e eles se sentem muito incomodados pela necessidade de **voltar a realizar** uma operação de armazenamento e troca de embalagens, que acreditavam ter sido eliminada para sempre e que jamais retornaria.

E que agora, com as retornáveis, retorna...

Quando se fala de avião comercial, é quase certo que alguém pensa em Boeing ou então Airbus, ou ainda em Embraer.

Sem dúvida que esses nomes vêm na lembrança, principalmente da Boeing, que agora, após um atraso injustificável de muitos anos divulgou a sua nova família, ou seja, a 7E7 Dreamliner.

A propósito, a Boeing está solicitando que as empresas aéreas posterguem as suas decisões de compra até 2008 (!?!?), quando ela vai começar a entregar os primeiros 7E7.

A Boeing promete na sua nova geração de aviões as seguintes vantagens:

- Pelas características, principalmente pelo *design* das aeronaves, uma economia de combustível igual ou superior a 20%.
- Pousos e decolagens mais silenciosos pelo melhor isolamento da cabine e pelas características das novas turbinas.
- Maior duração da fuselagem pela incidência maior de plásticos nos materiais, atenuando significativamente os processos de corrosão.
- Autonomia de vôo – sem escala – de até 15,4 mil quilômetros, o que significa um vôo direto, digamos, de Londres a Tóquio.
- Aproveitamento maior da área reservada para o transporte de carga de até 60% comparado com o rival principal, o Airbus 320 – 200.

Uma das maiores dificuldades encontradas pela empresa para a decolagem da estratégia que conduziu à produção dos 7E7 foi a de alavancar os US$ 7 bilhões necessários para o desenvolvimento do projeto, que acabou sendo viabilizado através da formação de diversas parcerias com os seus fornecedores, que se transformaram em "sócios" da organização nessa nova empreitada.

Vários deles, além do pagamento pelo fornecimento dos conjuntos de peças, também receberão uma participação para cada Boeing 7E7 vendido!!!

O gestor eficaz é aquele que sabe que da mesma maneira que a água não mantém uma forma estável (a não ser quando está congelada ou confinada), na guerra do mercado não há condições permanentes.

Logo surgem conjunturas que induzem à adaptação as novas condições, o que acontece com eficiência quando se utilizam as estratégias adequadas para essa adaptação.

Vale a pena lembrar que quem consultar o dicionário Houaiss vai encontrar para estratégia as seguintes definições:

➡ "É a arte de coordenar a ação de forças militares, econômicas e morais implicadas na condução de um conflito ou na preparação da defesa de uma nação ou comunidade de nações."

➡ "É a parte da arte militar que trata das operações e movimentos de um exército, até chegar em condições vantajosas à presença do inimigo."

➡ "É a arte de aplicar com eficácia os recursos de que se dispõe ou de explorar as condições favoráveis de que porventura se desfrute visando ao alcance de determinados objetivos."

Já Michael Robert, autor de vários livros e criador da expressão **"raciocínio estratégico"**, destaca: "Uma empresa não cresce de forma vigorosa à custa de um concorrente, imitando a estratégia que ele usa, mas elaborando e implementando a sua própria estratégia diferenciada que permite mudar as regras de jogo no mercado a seu favor.

Quem progredirá nos negócios no século XXI não é aquele que tentar superar os concorrentes pela sua capacidade operacional, com força muscular, mas pela sua capacidade de raciocínio, usando a energia mental dos seus executivos líderes."

Bem, a estratégia é a busca deliberada de um plano de ação para desenvolver e ajustar a vantagem competitiva de uma empresa.

Para qualquer organização, essa busca é um processo interativo que começa com o reconhecimento do que ela tem num dado momento, quem são os seus concorrentes mais perigosos e no que ela é diferente deles, para a partir disso fazer a sua estratégia de ação.

No seu livro mais recente intitulado *Estratégia de Marketing*, Jack Trout recomenda que sempre se tenha uma estratégia e salienta:

➡ "No mundo competitivo do século XXI, ter uma boa estratégia é a forma mais eficaz para sobreviver.

➡ Ninguém pode deixar-se confundir pelos fatos que lhe serão apresentados, e nesse sentido é vital ter uma boa percepção da realidade.

➡ Quando não se tem um diferencial, é fundamental que pelo menos o preço do produto ou serviço da sua empresa seja baixo.

➡ É imprescindível conhecer bem os concorrentes para evitar os seus pontos fortes e poder explorar os seus pontos fracos.

➡ É melhor ser excepcional em uma coisa do que bom em muitas, e nesse caso a recomendação é seguir a estratégia da especialização.

➡ Grandes idéias estratégicas quase sempre podem ser apresentadas com palavras óbvias ou até triviais, isto significando que a simplicidade em muitos casos é a estratégia que se deve seguir.

→ Para ter colaboração e pessoas alinhadas no objetivo empresarial é essencial uma liderança que mostre a todos para onde se está indo, pois caso contrário se ninguém souber para onde se está rumando, não há como segui-la..."

É evidente que algumas "recomendações" de Jack Trout são complementares e outras vezes conflitantes, pois a estratégia da especialização pode estar em choque com a estratégia da simplicidade. Dependendo do cenário do mercado é que o gestor estrategista vai selecionar a ação que deve implementar, visto que a inadaptação à realidade já constitui a primeira inaptidão da alta administração de uma empresa.

Rever as estratégias é por conseguinte uma obrigação numa organização que pretende continuar viva...

Aliás, as características mais comuns de um estrategista são: quebrar hábitos, destruir burocracias e rotinas, criar significado para coisas sem sentido e repensar metas e objetivos da empresa em função dos problemas e oportunidades que surgem para ela no mercado.

Uma empresa que não tenha gestores estrategistas no seu corpo administrativo que continuamente proponham alterações ou revisões nas suas ações para se adequar às necessidades do mercado está fadada ao desaparecimento, pois será sobrepujada pela concorrência cada vez mais agressiva.

Só sobreviverão no século XXI as empresas que tiverem talentosos estrategistas que sigam ao pé da letra no seu trabalho a idéia-força: **"Qualquer coisa sempre pode ser feita melhor, mais rápido, mais barato. Só depende de você não se conformar com o que já está bom!"**

Realização

VOCÊ CONSEGUE O QUE QUER!!!

Já disse algum dia Henry David Thoreau: "As coisas não mudam, nós é que mudamos..."
Realmente, é a nossa atitude que permite que se consiga o que se deseja.
E para tanto é preciso seguir o conselho de Ray Kroc, fundador da rede McDonald's: **"Para ser um sucesso, seja o primeiro, seja ousado, seja diferente!!!"**
Ou então, no mínimo seguir ao pé da letra a seguinte "mensagem" publicada no livro *Você Pode!,* de autoria de Paul Hanna:

Quanto mais eu vivo, mais percebo
o impacto da atitude na vida.
É mais importante que a instrução,
o dinheiro, as circunstâncias,
os fracassos, os sucessos,
qualquer coisa que alguém diga ou faça.

É mais importante
que a aparência, o dom, a destreza.
O mais incrível é que
temos a opção de criar
a atitude que teremos a cada dia.

Não podemos mudar o passado.
Não podemos mudar a atitude das pessoas.
Não podemos mudar o inevitável.

Só podemos mudar
o único aspecto que podemos controlar,
a nossa atitude!

Estou convencido de que a vida
é 10 % o que realmente nos acontece
e 90 % nossa reação a esses acontecimentos.

Quem quer ter sucesso deve entender que ele próprio é o maior responsável por isso.

Desse modo, cada um deve gostar de si mesmo, ter as próprias opiniões e saber que pode até enganar algumas pessoas durante algum tempo, mas, de fato, não pode enganar a si mesmo!!!

Os vencedores são aqueles que criam a própria sorte, pois ela é o cruzamento de uma oportunidade com a preparação que se fez para aproveitá-la!!!

É preciso por isso mesmo estar muito entusiasmado, preparando-se continuamente para as inúmeras oportunidades que a vida oferece a cada um.

Aliás, o entusiasmo é vital para chamar a sorte.

A palavra "**entusiasmo**" vem do grego *entheo* e significa "inspiração dentro de nós".

Em outras palavras, o entusiasmo vem de dentro da alma do ser humano.

Ninguém pode manter um nível de entusiasmo se não estiver feliz com a maneira como vive sua própria vida.

Alguém pode até fingir que está entusiasmado, entretanto as pessoas acabam enxergando o que existe de fato no seu interior e isto acaba ficando claro, pois a sua alma deixa que todos percebam o vazio que há dentro de você!!!

Provavelmente foi Henry Ford – o homem que mudou o mundo com a popularização do automóvel – que melhor caracterizou o entusiasmo ao dizer:

"Você pode fazer qualquer coisa se tiver entusiasmo.

Ele é o fermento que faz suas esperanças alcançarem as estrelas.

O entusiasmo é a centelha de seus olhos, o ritmo de sua marcha, a firmeza de sua mão, o irresistível surto de vontade e de energia para executar suas idéias.

Os indivíduos entusiasmados são lutadores.

Eles têm determinação e coragem.

Eles têm qualidades perenes.

O entusiasmo está na base do progresso.

Com ele há realizações.

Sem ele só existem álibis e desculpas."

Portanto, pode-se dizer que a única coisa mais contagiosa que o entusiasmo...é a **falta de entusiasmo**!!!

Por isso, todo aquele que deseja vencer deve estar rodeado de pessoas entusiasmadas, isto é, aquelas que se sentem alvoroçadas pelo simples fato de estarem vivas e que estão sempre ansiando por alguma coisa boa.

Todo aquele que estiver perto de indivíduos entusiasmados acaba se sentindo energizado, independentemente de estar tendo um dia ótimo ou ruim.

Porém, para ter sucesso não basta ser apenas entusiasmado.

É preciso também ser racional, saber dominar as emoções, ou seja, seguir a regra de ouro que manda agir de acordo com a **qualidade,** e isto não a qualquer preço...

Quem quer entender bem o que é qualidade não pode ser mesquinho ou seguidor da técnica de comprar só o que é mais barato.

Você lembra da última vez que comprou uma roupa que não estava à altura de suas expectativas?

Ou do eletrodoméstico que vivia sempre com algum defeito?

Ou ainda daquela viagem de lazer em que dormiu em hotéis de quinta categoria?

Para entender com clareza a importância da qualidade deve-se não esquecer nunca que **não é prudente pagar demais**, mas é **imprudente pagar pouco**!!!

Pois, quando pagamos muito, de fato perdemos alguns reais.

Entretanto, quando pagamos pouco, às vezes perdemos tudo, porque o que adquirimos não funciona ou não é capaz de executar aquilo que pagamos para ser feito.

É uma verdade que não dá para contestar, ou seja, a lei do equilíbrio dos negócios proíbe pagar pouco e ganhar muito.

Isso comumente não pode ser feito...

Se lidamos apenas com o que é barato, é melhor estarmos prevenidos, pois sempre corre-se o risco do surgimento de grandes frustrações.

Dessa maneira, o melhor é economizar até que se possa comprar algo muito melhor...

Bem, toda pessoa que quer alcançar sucesso na vida pessoal precisa, entre outras coisas, mudar a sua própria atitude, ser alguém bastante entusiasmado, mas ao mesmo tempo bem equilibrado, sabedor do princípio da qualidade que aponta que geralmente o **"barato sai caro"**.

Além disso, num mundo de mudanças tão rápidas como as que vemos neste início do século XXI, que nos bombardeiam o tempo todo com informações, é vital que o potencial vencedor não deixe de **controlar** os seus **pensamentos**.

Ninguém pode lhe dizer como pensar.

Você, e somente você controla a sua maneira de avaliar os acontecimentos e para onde eles irão conduzi-lo.

Mas como tudo na vida, o que conta no final das contas é a **ação**.

Ninguém pode mudar você, só **você** pode fazê-lo.

É preciso querer mudar, e para que isto ocorra, esse desejo inicial deve ser alimentado.

Você jamais plantaria uma semente no jardim esperando encontrar um arbusto ou flores no dia seguinte.

A HISTÓRIA DOS 20 DEDOS, CONTADA EM 20 MINUTOS.

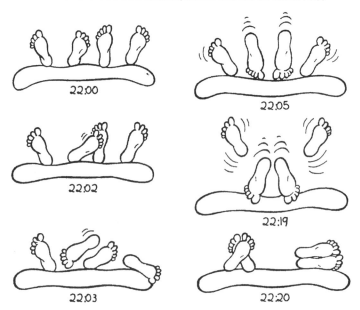

É necessário um certo tempo para que isso aconteça...

Se a semente estiver em solo adequado, recebendo a luz do Sol e for regada regularmente, certamente vai crescer, e com o passar do tempo fará transparecer todo esse esforço produzindo uma **linda flor**!!!

Por que seria diferente com algo que você quer fazer **"crescer"** dentro de si?

Se você plantar as sementes certas – seus objetivos – e alimentá-las constantemente – mantendo a auto-estima –, verá, com o passar do tempo, os excelentes resultados do seu árduo trabalho.

É óbvio que se a semente for plantada e não receber cuidados não se poderá esperar que floresça, não é?

Todos nós precisamos de objetivos pelos quais lutar e de estímulo para nos mantermos no controle das situações.

Domine desta forma sempre os seus pensamentos e acredite que ter sucesso é um direito seu, não importando as circunstâncias nas quais você nasceu!!!

Não esqueça nunca, nós colhemos o que plantamos!!!

"Seria magnífico se as primeiras palavras que saíssem da sua boca não fossem 'você é a culpada dessa situação...'"

Reputação

"Esta não é a minha opinião política. Estou apenas repetindo o que ouvi o dia inteiro no rádio..."

O VELHO E O PUNK

O velho se senta no ônibus de frente para um *punk* de cabelo comprido, mechas verdes, azuis, amarelas e vermelhas.
O velho fica olhando para o *punk* e o *punk* olhando para o velho.
O *punk* vai ficando meio invocado e pergunta ao velho:
"O que foi, vovô, nunca fez nada de diferente quando jovem?"
E o velho responde:
"Sim eu fiz. Quando eu era jovem fiz sexo com uma arara e estou aqui pensando: será que você é meu filho?"

Será que com essa resposta o velhinho estragou a sua reputação?
Acho que não, mas falemos mais sobre esse assunto.

COMO É POSSÍVEL CONSTRUIR UMA REPUTAÇÃO PESSOAL ATRAENTE?

Quem consegue responder de forma extremamente adequada a essa pergunta é David F. D'Alessandro, presidente e CEO da John Hancock Financial Services.

Ele escreveu o livro *Guerra dos Empregos – Como Construir uma Marca Forte e Conquistar uma Carreira de Sucesso*, que é muito espirituoso e repleto de *insights* sobre estratégia pessoal e profissional.

D'Alessandro no seu livro ousa dizer a verdade e transmite lições que aprendeu, e os erros que cometeu no caminho percorrido para se tornar um dos CEOs mais talentosos e respeitados dos EUA.

Ele diz em sua obra: "A maioria de nós acredita que se seguir os conselhos paternos – trabalhar arduamente, ser educado, vestir-se bem – terá todas as oportunidades para atingir o sucesso.

E tudo isso é necessário, são os requisitos mínimos para qualquer carreira profissional.

Porém, isoladamente, eles não nos destacam dos outros e não nos levam à sala da diretoria.

Na verdade, o maior erro que podemos cometer é supor que as organizações são racionais e que o sucesso advém, logicamente, de boas avaliações de desempenho, boas maneiras e ternos de boa qualidade.

As organizações não são racionais!!!

As organizações importam-se hoje muito com o caráter de cada pessoa porque sabem que ele tem tudo a ver com a capacidade de o indivíduo fazer um bom trabalho.

Elas também sabem que, se promoverem indivíduos cuja integridade seja questionável ou que não tenham coragem de tomar decisões difíceis, a marca empresarial pode acabar sendo prejudicada.

Organizações inteligentes sempre se esforçam para contratar empregados com qualidades pessoais que aprimorem, e não comprometam, a reputação da empresa.

Assim, o mais importante que você pode fazer por sua carreira é construir uma base sólida para uma **reputação pessoal atraente**."

Bem, aí vão as dez regras de David F. D'Alessandro que vão possibilitar-lhe distinguir-se de outras pessoas, candidatos aos empregos que você quer:

1ª Regra: Tente enxergar além do próprio umbigo – Realmente, para desenvolver uma boa reputação, cada um precisa ver suas ações da mesma maneira que as pessoas que o julgam as verão. Um fato é essencial: você não deve se adular, pois não será capaz de desenvolver uma boa marca pessoal se não conseguir ver a si mesmo como os outros o vêem.

2ª Regra: Quer você queira, quer não, seu chefe é o co-autor de sua marca – Aceite o fato de que você deve pagar seus pecados. No início de carreira, você ganhará muito dinheiro para a organização e suará a camisa, enquanto os superiores colhem a maioria das recompensas.

Entenda que seu trabalho é aprimorar a reputação do chefe. Não melhore a sua imagem à custa dele. Compense, pois, os pontos fracos do chefe para conquistar seu respeito e gratidão.

No final das contas, todos os chefes usarão você. A questão é se você tem inteligência suficiente para usá-los e construir uma excelente reputação.

3ª Regra: Coloque o chefe no divã – Você pode ser salvo de um chefe ruim ao conquistar boa reputação entre os superiores.

Mas não se queixe do seu chefe, a menos que seja convidado a fazê-lo.

Quando você não conhece o seu chefe muito bem, é importante colocá-lo no divã e brincar de psiquiatra amador. Seja então observador e faça anotações mentais sobre o comportamento dele, e logo terá uma pista dos prós e contras que essa pessoa representa para a sua marca.

4ª Regra: Aprenda qual é o garfo para o peixe – Muita gente ainda acredita que etiqueta é apenas saber que talher usar durante um jantar formal, quando há uma dúzia de utensílios de aparência estranha à sua frente.

Boas maneiras são essenciais para criar uma boa marca pessoal por dois motivos:
- mostrarão que você pertence ao mundo dos executivos seniores;
- demonstrarão a sua compaixão e respeito pelas pessoas que o cercam, qualidade que os bons líderes precisam ter.

Às vezes um único constrangimento é suficiente para alterar para sempre a opinião alheia sobre você.

5ª Regra: Kenny Rogers tem razão!!! – Em *The Gambler*, Kenny Rogers canta: "Você precisa saber quando ficar com as cartas na mão ou não."

Se você não é caçador, não se transformará nunca em sócio de uma organização.

Portanto, não fique na empresa se a experiência não estiver acrescentando valor à sua marca.

Empresas administradas por empreendedores são perigosas para alguém que deseja desenvolver uma marca profissional poderosa, isto porque eles são controladores e não gostam de compartilhar!?!?

6ª Regra: É sempre hora do *show* – Não se pode esquecer nunca que se está sempre em evidência, e quando o assunto é a sua marca não existem transações irrelevantes.

Não pense jamais que seu comportamento diante de pessoas que considera irrelevantes não importa.

A maneira como você trata a recepcionista pode ser vista como prova de sua capacidade gerencial.

7ª Regra: Faça os inimigos certos – Por mais inteligente, esforçado e bem-intencionado que você seja, fará inimigos no trabalho.

Encare, pois, os fatos: você terá inimigos na vida profissional, e quanto maior o seu sucesso, mais inimigos aparecerão...

Aprenda, portanto, a identificar os sinais de que uma campanha de fofocas está sendo tramada contra você e reaja.

8ª Regra: Tente não ser tragado pela bolha – A menos que você tenha muita cautela, suas realizações podem aproximá-lo de uma "bolha" que distorce suas conquistas e posições.

O fato triste é que se você for bem-sucedido em qualquer campo, é impossível evitar ser atraído para a bolha. Uma forma de evitar a bolha é manter amigos que não deixem você se esquecer que é humano.

9ª Regra: Quanto mais alto você voar, mais tiros levará – Assim que você atinge certo nível de proeminência em determinada área, as fofocas passam a fazer parte do jogo.

Prevenir as notícias negativas é a melhor opção. Busque dessa maneira explicar as coisas ao mundo antes que ela virem problemas.

10ª Regra: Todo mundo poderia ter sido um competidor; faça questão de estar sempre competindo – Na maioria das vezes você não pode controlar os acontecimentos que levam a uma promoção, mas pode estar no lugar certo, de forma a ser a opção mais óbvia.

Prometer realizar uma tarefa difícil é um risco, mas vale a pena corrê-lo.

E não se esqueça nunca: você constrói sua marca até morrer, então saiba quais são os ajustes necessários.

Uma vez que os bons empregos são cada vez mais difíceis de encontrar, as sábias orientações de David F. D'Alessandro não poderiam ser mais oportunas e importantes, sobretudo para aqueles que estão tentando construir sua marca pessoal e aprimorar a carreira ao mesmo tempo.

Riqueza

Pois bem, no final de 2005, a revista *Forbes* famosa por organizar listas de celebridades bilionárias (e milionárias) ao redor do mundo divulgou um *ranking* inusitado: o dos 15 mais ricos personagens de ficção do mundo!?!?

E o primeiro lugar coube ao Papai Noel, com sua infinita fortuna obtida com a administração da maior fábrica de brinquedos do mundo, no Pólo Norte, onde trabalham centenas de milhares de duendes.

Depois do bom velhinho aparecem o bilionário Oliver Warbucks (com uma fortuna de US$ 23,7 bilhões), do filme *Annie, a Pequena Órfã*, e o menino Riquinho Rico (US$ 17 bilhões).

Para montar a lista, a *Forbes* verificou quais personagens da ficção eram conhecidos, dentro de seus universos, por serem extremamente ricos.

Os personagens também não poderiam ser mitológicos ou de folclore popular, e sim de "histórias criadas".

A única exceção permitida foi justamente ao primeiro lugar, porque, segundo os diretores da publicação, "eles não conseguiram resistir".

Papai Noel tem uma fortuna infinita!!!

O quarto colocado é um dos mais famosos vilões dos quadrinhos: Lex Luthor, o arquiinimigo do Super Homem.

Ele é o único que trabalha com *software* e tecnologia.

Ao longo dos anos, também investiu em material bélico e construção civil.

Porém, sua fortuna, avaliada pela *Forbes* em US$ 10,1 bilhões, ainda é mais de quatro vezes menor do que a do bilionário nº 1 do mundo real, Bill Gates.

A lista segue com o rabugento e explorador Montgomery Burns (US$ 8,4 bilhões) dono de usinas nucleares em Springfield (filme *Os Simpsons*) e o Tio Patinhas, um dos mais conhecidos personagens entre os brasileiros.

Tio Patinhas tem uma fortuna de US$ 8,2 milhões e ficaria apenas em 46º lugar no mundo real, empatado com Philip Knight, fundador da Nike.

Entre os bilionários de ficção os que causam mais inveja são Bruce Wayne (*Batman*) e Lara Croft, com fortunas respectivamente de US$ 6,5 bilhões e US$ 1 bilhão.

E você que gosta tanto de alguns desses heróis, o que vai fazer para se inspirar neles e entre outras coisas se tornar tão rico(a)?

No mínimo, romper alguns dos seus pressupostos (modelos mentais), mas com ética, procurando ser mais rico financeiramente e espiritualmente!!!

COMO SE DEVE ALAVANCAR A MENTE PARA SE TORNAR RICO RAPIDAMENTE?

Segundo Robert Kiyosaki e Sharon Lechter, autores do livro *Aposentado, Jovem e Rico*, as palavras mais importantes no mundo do dinheiro são **fluxo de caixa** e **alavancagem**.

Vamos falar especificamente de alavancagem e tentar mostrar porque não mais de 5% dos brasileiros são ricos, aliás são aqueles que sabem como utilizar o **poder da alavancagem.**

Por sinal, boa parte dos que desejam ficar ricos não o conseguem pois **abusam** do poder, e a maioria dos indivíduos não fica rica porque **tem medo** do poder da alavancagem.

A alavancagem vem de muitas formas, e uma das mais conhecidas é pedir dinheiro emprestado.

Hoje todos estamos cientes do grave problema das pessoas que abusam dessa poderosa forma de alavancagem.

Milhões de pessoas no mundo todo acabam ficando "afogadas", ou seja, tendo que lutar com as grandes dificuldades financeiras porque o poder da alavancagem das dívidas acaba sendo utilizado contra elas.

É devido às conseqüências nefastas do abuso da alavancagem das dívidas que muitas pessoas a temem afirmando: "Corte os cartões de crédito, pague os empréstimos e acabe com todas as dívidas o mais rápido que puder."

Realmente, neste início do século XXI, dar um cartão de crédito a certas pessoas é quase o mesmo que colocar uma arma carregada nas mãos de um bêbado.

Qualquer um que esteja perto dele correrá perigo, inclusive o próprio bêbado...

Os três caminhos que podem levar um indivíduo a alcançar grande riqueza são:
1. Aumentando suas habilidades no negócio.
2. Incrementando suas competências no gerenciamento do seu dinheiro.
3. Fazendo crescer suas aptidões nos investimentos.

De fato, muito já se escreveu sobre cada um desses caminhos, ou seja, do **como fazer**, mas aqui se abordará não o **como**, e sim o **porquê** muitas pessoas não fazem isso.

Não se pode esquecer que é o próprio **porquê** que nos dá o poder para fazer o **como**.

O motivo pelo qual as pessoas não fazem o que podem é **porque** elas não têm um porquê suficientemente forte.

Assim que cada um descobrir o **porquê**, será fácil o seu próprio **como** para a riqueza.

Na definição ampla do termo, a palavra **alavancagem** significa simplesmente capacidade de fazer mais com menos.

O problema com a alavancagem é que ela é uma **faca de dois gumes**.

Em outras palavras, uma pessoa pode utilizar a alavancagem para avançar financeiramente, e essa mesma forma de alavancagem, se utilizada erradamente, pode fazê-la ter prejuízos financeiros.

Um dos principais motivos pelos quais a classe média e a baixa trabalham mais durante mais anos, lutam para pagar as dívidas e pagam mais impostos (!?!?) é porque elas não têm uma forma muito importante de alavancagem... e esta é a alavancagem da educação financeira.

É irônico que as classes média e baixa pensem nas ferramentas de alavancagem financeira como arriscadas demais.

Desse modo, em lugar de utilizar a alavancagem financeira que os ricos usam, as classes média e baixa tendem a utilizar a alavancagem física para tentar passar à frente. A alavancagem física é também conhecida como **trabalho duro**.

É por isso que o indivíduo rico (IR) diz: "Se você quer ficar rico, precisa trabalhar menos e ganhar mais.

Para fazer isso, você tem que utilizar algum tipo de alavancagem. Pessoas que apenas trabalham duro têm alavancagem limitada. Caso você esteja trabalhando duro fisicamente e não está indo para a frente financeiramente, então é provável que você seja a alavancagem de outra pessoa.

Se você tem dinheiro parado no banco em sua poupança ou em conta de aposentadoria, então os outros estão usando seu dinheiro como alavancagem deles.

O fato real é que as pessoas com mais alavancagem dominam as pessoas com menos alavancagem.

Em outras palavras, assim como os humanos ganharam vantagens sobre os animais criando ferramentas de alavancagem, aqueles indivíduos que melhor sabem utilizar essas ferramentas têm mais poder sobre os que não as utilizam.

Cada vez mais ferramentas de alavancagem estão sendo criadas, como os computadores e a Internet.

Os que conseguem se adaptar mais depressa usando eficazmente essas ferramentas são aqueles que estão passando à frente.

E as pessoas que não estão aprendendo a utilizá-las cada vez mais estão ficando para trás financeiramente, ou então estão trabalhando cada vez mais duro só para ficar na mesma posição.

Nunca na história do mundo tantas ferramentas de alavancagem foram inventadas em um período de tempo tão curto.

Por causa da tecnologia que veio das mentes humanas, temos, por exemplo hoje, opções alavancadas de transportes bem diferentes das que nossos ancestrais tiveram.

Atualmente em vez de apenas andar ou estar numa carroça podemos usar o metrô, o próprio carro ou então o avião. Ou ainda podemos utilizar o telefone celular ou o *e-mail* (correio eletrônico) para cobrir as distâncias.

Assim como temos mais opções em se tratando de tipos de alavancagem de transportes, temos mais escolhas quando se trata de vários tipos de alavancagem financeira que podemos utilizar.

As pessoas que utilizam as ferramentas financeiras mais alavancadas passam à frente.

Pessoas que utilizam ferramentas obsoletas, ultrapassadas ou inadequadas colocam sua segurança e seu futuro financeiro em risco.

Dessa maneira tem que ficar claro que a maioria das pessoas não fica rica mais rápido devido ao fato de que o dinheiro delas, isto é, suas economias guardadas em um banco ou seu tempo e trabalho (um emprego estável) estão sendo utilizados pelos ricos para alavancarem a própria riqueza!!!

Qualquer IR sincero confessa: "Eu não poderia ter adquirido tantos ativos em um período tão curto de tempo se não tivesse utilizado duas importantes formas de alavancagem financeira, que são o dinheiro das outras pessoas e o tempo das outras pessoas."

Claro que existem outras formas de alavancagem como:

Saúde – Infelizmente as pessoas não costumam apreciar o valor de sua saúde até que comecem a perdê-la.

Tempo – Quando as pessoas começam a ficar para trás financeiramente, costuma ser difícil encontrar tempo para avançar na vida.

Educação – Uma pessoa que se forma na faculdade, mas que tem pouca educação financeira, freqüentemente ficará para trás de uma pessoa educada financeiramente, com ou sem uma educação de nível universitário.

Relacionamentos – Bons relacionamentos sem dúvida alavancam os negócios.

Aliás, isso tem tudo a ver com o casamento de forças, e assim muitas pessoas se dão bem financeiramente quando têm bons assessores financeiros.

Falando especificamente de casamento, talvez até não seja 100% verdadeiro, mas pode-se dizer **que é quase impossível ficar rico se seu cônjuge também não quiser isso...**

Mente – É a mente de cada pessoa que é a ferramenta mais poderosa de alavancagem.

O que quer que pensemos que seja **real** pode se tornar **realidade** na maioria dos casos.

Em outras palavras, a mente tem o poder de ver o que pensa que seja real e ficar cega para qualquer outra realidade, assim como as pessoas disseram para Cristóvão Colombo: "Você não vê que a Terra é plana?", não conseguiram convencê-lo e nem demovê-lo, pois ele estava totalmente envolvido por outra realidade...

Quem, por exemplo, quiser se aposentar jovem e rico, uma das coisas vitais que deve aprender a fazer é assumir o controle de sua própria realidade. Quem conseguir aprender a fazer isso, ganhará cada vez mais dinheiro com cada vez menos esforço.

Sem dúvida, é a capacidade do IR para modificar constantemente a sua realidade que acaba possibilitando que ele se torne rico.

Ao mesmo tempo, é a incapacidade da pessoa pobre (PP) de modificar sua realidade que faz com que ela trabalhe cada vez mais duro e não consiga evoluir financeiramente.

É o fato da PP dizer constantemente "**eu não posso**", que acaba concretizando a sua realidade. No final das contas, a diferença básica entre o IR e a PP está na distinção entre suas realidades.

O IR optou por expandir sua realidade afirmando: "Como posso adquirir esse produto ou esse bem?", embora não tivesse dinheiro para isso naquela época.

Já o PP escolheu dizer sempre: "Não posso", e com essa realidade fixa não procurou mudá-la.

Como resultado, as suas palavras se tornaram a realidade da sua vida.

Uma pessoa precisa, pois, gastar mais se quiser ficar rica... mas deve saber **como** gastar e **no que** gastar para chegar a esse patamar.

Basta conversar um pouco com um IR para que ele enfatize: "Não se pode esquecer nunca que existem boas despesas e despesas ruins."

Assim como uma pessoa tenta perder peso morrendo de fome, alguém que tenta ficar rico não gastando nada, no final acaba apenas se tornando mais fraco financeiramente e sofrendo da síndrome de não gastar, virando um comedor faminto que se enche de *junk food* (comida não-saudável)...

Portanto, se você quiser ficar rico rápido, precisa ter uma mente aberta para novas idéias e ter o dom de aceitar possibilidades maiores do que suas ações atuais.

Para que isso ocorra, você precisa ter uma realidade que possa mudar, expandir e crescer rapidamente.

Tentar ficar rico com a realidade de uma PP ou com uma realidade que vem da falta e da limitação é uma missão impossível.

Todo aquele que quiser ficar rico rápido precisa conseguir ir além do conforto de suas realidades atuais e penetrar no reino de novas possibilidades para sua vida. Isso no fundo significa que o indivíduo irá seguir o ditado favorito do político norte-americano Robert Kennedy: "Alguns homens vêem as coisas como são e perguntam: 'Por quê?'

Eu sonho com coisas que nunca foram feitas e pergunto: 'Por que não?'"

Ter uma **mente que possa expandir sua realidade ou contexto** rapidamente é sem dúvida a forma mais importante de alavancagem, em especial no século XXI, em que se vivem mudanças cada vez mais velozes.

A ironia é que as pessoas não estão dispostas a pensar em termos de fazer mais com menos, e desta forma freqüentemente acabam trabalhando mais por menos.

A boa notícia é que quem estiver disposto a pensar em termos de fazer mais com menos, mais ganhará com menos trabalho.

Tudo o que precisa fazer é fixar essa idéia na sua mente, e desta maneira será mais fácil para ele se aposentar jovem e rico.

Depois de todas essas recomendações, caro leitor, pegue um pedaço de papel em branco (ou introduza no seu *laptop*) e comece a escrever as suas respostas para a pergunta: **Como posso fazer o que faço para mais pessoas com menos trabalho e por um preço melhor?**

Se de início não conseguir responder de forma eficaz, continue pensando, pois o seu cérebro é uma ferramenta poderosíssima de alavancagem.

Esta é uma pergunta muito importante.

Caso ela for corretamente respondida e você tomar as providências adequadas certamente se tornará um(a) milionário(a) ou até um(a) bilionário(a).

Como referência, veja até onde chegou a autora da série de livros sobre Harry Potter, Joanne K. Rowling, que na relação dos bilionários da revista *Forbes* de 2004 figurou na lista dessas pessoas "admiradas"...

Sonho Europeu

O SONHO EUROPEU, O QUE É ISTO?

Segundo Jeremy Rifkin, aclamado autor de livros como *O Fim dos Empregos*, *O Século da Biotecnologia* e *A Economia do Hidrogênio*: "Enquanto o **sonho americano** agoniza, um novo **sonho europeu** começa a cativar a atenção e a imaginação do mundo.
O sonho norte-americano enfatizava a irrestrita oportunidade de cada indivíduo buscar o próprio sucesso, o que no vernáculo americano significava geralmente a existência do **sucesso financeiro**.

O sonho norte-americano concentra-se demais no progresso material do indivíduo, em detrimento do bem-estar mais geral do ser humano, para ter relevância num mundo de riscos, diversidade e independência crescentes.

É um sonho velho, embebido numa mentalidade de fronteira já de há muito superada. Enquanto o **'espírito americano'** se externa (!?!?) e se enfraquece, um novo sonho europeu está se firmando cada vez mais.

É um sonho muito mais adequado para o próximo estágio da jornada humana – um estágio que promete levar a humanidade a uma consciência global compatível com uma sociedade cada vez mais integrada e globalizada.

O sonho europeu antepõe os relacionamentos comunitários à autonomia individual, a diversidade cultural à assimilação, a qualidade de vida ao acúmulo de riquezas, o desenvolvimento sustentável ao crescimento material ilimitado, a descontração à labuta incessante, os direitos humanos universais e os direitos da natureza aos direitos de propriedade, e a cooperação global ao exercício unilateral de poder.

Portanto o sonho europeu se situa no cruzamento entre a pós-modernidade e a era global emergente, e proporciona a suspensão para transpormos o valo entre as duas eras.

A pós-modernidade nunca pretendeu ser uma nova era, mas antes um período de acaso da modernidade, isto é, um momento para julgar as **muitas insuficiências da era moderna**.

Os pós-modernistas perguntavam-se como o mundo viera a comprometer-se com uma canção de morte.

→ Quais as razões que levaram ao lançamento de bombas atômicas sobre as cidades japonesas de Nagasaki e Hiroshima, ao estabelecimento dos campos de morte nazistas na Europa, dos campos de detenção do Gulag e dos campos de reeducação maoísta no interior da China?

→ Como chegamos a um mundo cada vez mais dividido entre ricos e pobres?

→ Por que mulheres, negros e minorias étnicas por todo o planeta são discriminados, ou pior ainda, mantidos em estado de servidão, por meio dos grilhões econômicos?

→ Por que estamos destruindo o meio ambiente e envenenando nossa biosfera?

→ Por que algumas nações continuamente intimidam outras e buscam a hegemonia pelo veículo da guerra, da conquista e da subjugação?

→ Como veio a raça humana a perder seu senso inato de descontração e se converter em andróides mecânicos, chegando a ponto de fazer do trabalho incessante a definição característica e própria da existência individual?

→ Quando e por que o materialismo se tornou um substituto para o idealismo e o consumo se metamorfoseou de um termo negativo em outro positivo?

Bem, é por isso que a sociologia pós-moderna enfatiza o pluralismo e a tolerância dos diferentes pontos de vista que compõem a totalidade da experiência humana.

Para os pós-modernistas, não existe regime ideal ao qual aspirar, mas sim uma miscelânea de experiências culturais, cada uma com seu valor."

No seu livro mais recente com o título *O Sonho Europeu*, Jeremy Rifkin explica que o sonho europeu começa onde alguns conceitos da pós-modernidade não se ajustaram, ou melhor, descarrilaram do caminho que a humanidade tomou...

Assim, o sonho europeu é um esforço de criar um novo arcabouço capaz de libertar o indivíduo da antiga cangalha da ideologia ocidental e de integrar a raça humana numa nova história compartilhada, caracterizada pelos direitos humanos universais e pelos direitos intrínsecos da natureza – o que chamamos de **consciência global**.

Este é um sonho que nos leva além da modernidade e da pós-modernidade, em direção de uma era global, e assim ele acaba criando uma nova história.

O novo sonho europeu é muito importante porque ousa sugerir uma nova história, com ênfase na qualidade de vida, na sustentabilidade e na paz e harmonia.

Numa civilização sustentável, baseada antes na **qualidade de vida** que no acúmulo irrestrito de riqueza pessoal, com o que a própria base material do progresso moderno seria uma coisa do passado.

O objetivo de uma economia global sustentável é reproduzir sem cessar uma situação presente de alta qualidade equilibrando a produção e o consumo humanos com a capacidade da natureza de reciclar objetos e renovar recursos.

Uma economia sustentável em estado estacionário é, de fato, o fim da história entendida como progresso material ilimitado.

Dessa maneira, se o sonho europeu representa o fim de uma história, também sugere o início de outra.

O que se torna essencial nessa nova visão européia do futuro é a transformação pessoal, e não o acúmulo material por parte do indivíduo.

O novo sonho europeu se concentra na elevação do espírito humano e procura expandir a empatia humana, e não territórios.

Ele emancipa a humanidade da prisão materialista em que ela se confinou desde os primeiros dias do Iluminismo, e a expõe à luz de um novo futuro movido pelo idealismo.

Os europeus hoje trabalham para viver e não vivem para trabalhar!!!

Embora o trabalho continue sendo essencial em suas vidas, ele por si só não é suficiente para definir sua existência.

Eles põem a descontração, o capital social e a coesão social acima da carreira.

Entrevistados recentemente sobre os valores que julgam muito ou extremamente importantes, 95% dos europeus de uma grande amostra puseram o auxílio aos outros no topo de sua lista de prioridades.

Já 92% das pessoas disseram que era muito importante ou extremamente importante valorizar os indivíduos pelo que são; 84% disseram dar grande valor ao **envolvimento na** criação de uma sociedade melhor; 79% valorizam o investimento de mais tempo e esforços no desenvolvimento pessoal, enquanto menos da metade (49%) disse ser muito ou extremamente importante ganhar montes de dinheiro, o que levou o **sucesso financeiro** para o último lugar entre os oito valores classificados na pesquisa.

Os europeus defendem os direitos humanos universais e os direitos da natureza, e estão dispostos a se submeter a códigos impositivos.

Querem viver num mundo de paz e harmonia, e em maior parte, apóiam uma política estrangeira e ambiental para atingir esse objetivo.

A Europa se tornou agora para o mundo, uma nova "cidade sobre a colina".

Realmente todas as nações do planeta estão atentas a esta nova e grandiosa experiência em governança transnacional, esperando que ela possa proporcionar alguma orientação fundamental quanto ao rumo em que toda a humanidade deve tornar um mundo em globalização.

O sonho europeu, com sua ênfase na inclusividade, na diversidade, na qualidade de vida, na sustentabilidade, na descontração, nos direitos humanos universais, nos direitos da natureza e na paz, mostra-se cada vez mais atraente para uma geração ansiosa por ver-se **globalmente conectada** e ao mesmo tempo **localmente integrada**.

Obviamente para que os sonhos se realizem eles requerem otimismo, a sensação que todos devem ter de que as esperanças podem se concretizar.

Os norte-americanos (assim como nós brasileiros...) são cheios de esperança e otimismo.

Já os europeus, como um povo, nem tanto!?!?

Eles têm esperanças moderadas com respeito ao sucesso da sua nova união.

E as últimas pesquisas de opinião indicam que a geração européia mais jovem é bastante contida no seu otimismo!?!?

E nenhum sonho, por mais atraente que seja, pode vingar numa atmosfera nublada pelo pessimismo e pelo cinismo em que vivem os milhões de europeus hoje sem emprego!!!

O que se pode inferir como quase certo é o fato de que, numa era em que o espaço e o tempo estão sendo aniquilados e as identidades se tornam multiniveladas e globais em escala, **nenhuma nação poderá andar sozinha** daqui a uns 30 anos!!!

Seguramente, os 25 países que em 2005 estavam compondo a União Européia (UE) foram os primeiros a compreender e agir a partir das realidades emergentes de um mundo globalmente interdependente.

Na introdução do *O Sonho Europeu*, Jeremy Rifkin enfatiza: "Embora eu permaneça visceralmente apegado ao sonho americano, em particular à sua crença inabalável na preeminência da responsabilidade individual e pessoal, minha esperança para o futuro me impele em direção ao sonho europeu, com ênfase na responsabilidade coletiva e na consciência global.

De uma coisa estou relativamente convencido.

O ascendente sonho europeu representa as melhores aspirações da humanidade para um amanhã melhor.

Uma nova geração de europeus está carregando consigo as esperanças do mundo.

Isso confere uma responsabilidade muito especial ao povo europeu.

Faço votos para que a nossa confiança neles não seja deixada ao léu, e no final os princípios que orientam a UE tornem-se um conjunto de normas que não levaram a nada que tenha melhorado a qualidade de vida da humanidade."

"O SONHO QUE VIROU REALIDADE!!!"

Sorte

"Zé Felício, você tem muita sorte pois aqui estou a seu dispor.
Porém para atender três dos seus desejos é preciso que você preencha alguns formulários sobre a sua reputação, ética, honestidade, integridade, religiosidade, moral, etc."

Para conectar melhor os neurônios do leitor sobre o que vem a ser **sorte** nada melhor que dois exemplos humorísticos sobre a dita cuja.

DEDUÇÃO.
Os alunos presenteiam a sua professora.
O filho do confeiteiro dá-lhe uma caixa.
Ela sacode:
– São bombons?
– Acertou, professora!

Aí vem a filha do livreiro e lhe entrega uma caixa.
- Está pesada. É um livro?
- Acertou, professora!
Finalmente chega a vez do filho do dono do bar que está com uma caixa. Há um vazamento na embalagem, a professora passa o dedo e experimenta:
- É um vinho branco?
- Não, professora!
- Humm...Desisto! O que você me deu?
- Um cachorrinho...

SENSIBILIDADE MASCULINA.
De cama, o marido sussurra à mulher:
- Você esteve sempre ao meu lado. Quando perdi o emprego, quando minha empresa faliu, quando perdemos a casa. E, desde que fiquei doente, você nunca me abandonou. Sabe de uma coisa?
- Diz amor - fala ela, emocionada.
- Que azar você me dá!

QUAL É O SEGREDO DE ALGUÉM QUE TEM SORTE?

Não é muito complicado desenvolver uma personalidade de sorte, pois a maioria das aptidões que os indivíduos de sorte possuem podem ser adquiridas por qualquer um!?!?

Caso você queira ser uma pessoa de sorte, o que tem a fazer é começar a se comportar como tal.

Inicialmente se deve seguir as seguintes qualidades ou características de comportamento:

á Descubra o que realmente quer da vida, determinando assim sua missão e os seus objetivos.

➡ Faça o tempo trabalhar a seu favor, tendo a paciência na dose exata e aprendendo a administrar bem o tempo.

➡ Procure não ter inimigos, considerando que todos os seres humanos são meios de contato em potencial.

➡ Estabeleça o equilíbrio entre dar e receber, oferecendo seu tempo, conhecimentos e recursos com generosidade, e expressando de forma sincera a gratidão por ter recebido auxílio dos outros.

- Tenha uma aparência de pessoa bem-sucedida e aja de acordo, ou seja, evidencie seu tipo de pessoa a quem os outros querem ajudar!!!
- Experimente e explore novas possibilidades dando vazão máxima à sua curiosidade.
- Transforme a rejeição em aceitação com muita determinação, respondendo às agruras da vida com muita flexibilidade.
- Use a intuição e na hora de decidir confie em si próprio.
- Dê uma mãozinha para a sorte. Assim, não tenha apenas a aparência de uma pessoa de sorte, mas sinta-se sempre como **uma pessoa abençoada e afortunada**!!!

Os atributos há pouco citados parecem ser muito simples, entretanto eles estão associados ao autoconhecimento, ao autodomínio, aos relacionamentos com pessoas que oferecem boas oportunidades, e principalmente ao comportamento influenciador que aquele que "**chama a sorte**" demonstra.

A pessoa que diz que não tem sorte costumeiramente apresenta os seguintes comportamentos ou posicionamentos nefastos:

- Não tem objetivos claros, evita falar deles a todo custo e vive para o momento presente, esquecendo o amanhã.
- É impaciente, procurando assegurar-se de que tudo o que quer aconteça quase que imediatamente, sem se preocupar muito com as necessidades alheias.
- Procura aproveitar-se de tudo e de todos, achando que são os "espertos" que se dão bem!?!?
- Vangloria-se de suas realizações, fazendo com que todos saibam a maravilha que é.

Toma sempre a palavra dos outros, dando inúmeras opiniões e não se preocupa em ouvir as idéias dos outros.

Parece que a sua estratégia é: por que tentar entender os outros, se as melhores idéias já as tenho?

Os outros que se adaptem a elas...

- É inflexível, esperando que tudo aconteça como quer, e se algo sai diferente irrita-se terrivelmente.
- Não se compromete, nunca se desculpa, não agradece nem resolve conflitos.
- Ignora a própria intuição, e ainda que não tenha a certeza de estar fazendo a coisa certa, vai em frente.
- Se as coisas não derem certo na primeira vez, desiste e depois fica se lamentando.
- Espera sempre pelo pior, concentrando-se praticamente nos aspectos negativos e ignorando os positivos e interessantes.

O hábito é algo que se pode incorporar (às vezes até rapidamente...) na vida de cada um.

Na realidade, os hábitos acabam se tornando fatores poderosos da expressão do nosso caráter, e desta maneira tanto podem nos ajudar como prejudicar.

Felizmente é possível alterá-los a qualquer momento, basta querer!!!

O meio mais eficaz de se livrar de hábitos negativos é substituí-los por positivos.

Mas para aprender uma nova habilidade é preciso tempo, e quando os resultados não aparecem nos primeiros dias ou semanas, não se deve desistir...

Aí vão dois exemplos: o primeiro realçando que nunca se deve desistir, e o outro, que é preciso abrir-se às oportunidades mesmo que à primeira vista elas não pareçam tão promissoras!!!

Dessa maneira, se Cristóvão Colombo chegou ao Novo Mundo em 1492, foi em parte graças à sorte contida num copo d'água!!!

Havia dez anos que ele, um dos muitos aventureiros, acreditava ser possível navegar para o oeste e chegar às Índias (!?!?), ricas em especiarias. Em vista disso ele estava procurando um mecenas, um nobre disposto a financiar sua grande aventura.

Ano após ano percorreu as cortes européias, sendo ignorado em todas.

Assim que ele chegou à Espanha para uma audiência com o rei Fernando de Aragão e a rainha Isabel de Castela, também viu sua proposta – ou seja, o "empreendimento para as Índias" rejeitada novamente.

Como o dia estava quente, ele parou em um mosteiro próximo ao palácio real e pediu a um religioso que lhe matasse a sede.

Enquanto bebia e descansava, conversou com um dos monges, acabando por abrir o coração e contar-lhe o seu sonho, que tanto perseguia!!!

Acontece que o monge era o confessor da rainha e, impressionado com a determinação de Cristóvão Colombo, decidiu interceder junto a ela.

Que sorte, hein?

E aí Cristóvão Colombo foi recebido de novo, e desta vez o rei e a rainha afinal concordaram em financiar a aventura que resultou no descobrimento da América.

Que supersorte para todos nós, não é?

Uma outra situação peculiar aconteceu com Mel Gibson, que foi um dos inúmeros atores esperançosos para obter um papel no filme *Mad Max*.

Evidentemente nessa época Mel Gibson era um australiano praticamente desconhecido...

O pior é que na noite anterior ao teste, ele tinha sido atacado e agredido por três bêbados, que o deixaram em mau estado.

Em lugar de desistir do teste por causa da aparência, adotou uma atitude no mínimo inusitada ao convencer a si mesmo que "não tinha nada a perder", e assim apareceu na manhã seguinte parecendo um lutador de boxe após uma boa surra.

Acontece que o diretor da película, George Miller, estava procurando para o papel principal alguém que parecesse exausto, abatido, machucado, e encontrou tudo isso em Mel Gibson!!!

Foi dessa forma que Mel Gibson ganhou o papel principal de *Mad Max*, iniciando a carreira que o levou a se tornar um astro internacional, a qual ele consolidou em dezenas de filmes de ação.

O que se pode concluir do caso prático de Mel Gibson é que existe uma forte correlação positiva entre manter a sua mente aberta e ter sorte.

"Por que não? O que tenho a perder?" é uma atitude que traz sorte!!!

Quem quiser ser bafejado pela sorte não pode apenas esperar ou andar com amuletos da sorte.

Theresa Cheung, no livro *Toda a Sorte do Mundo* descreve alguns amuletos, talismãs ou mascotes, ou seja, objetos que algumas pessoas acreditam protegê-las contra o mal e oferecem boa sorte...

Entre eles destacam-se:

Ferradura – Este objeto é ligado à sorte talvez porque o santuário de Stonehenge, na Inglaterra, visto de cima, parece uma ferradura!?!? Liga-se também a ferradura à sorte porque ela combina três elementos que, durante séculos, estiveram associados a eventos felizes: cavalos, ferro e formato de lua crescente.

O cavalo há muito é considerado um animal mágico, e todas as partes dele estão associadas à boa sorte, exceto na China, onde a ferradura não é vista como amuleto de sorte, mas sim, os cascos do animal.

Em todo o mundo, o ferro é um amuleto contra fantasmas, bruxas e espíritos malignos, e qualquer objeto feito de ferro pode ser visto como uma proteção.

Antigamente o povo irlandês acreditava que nada ruim poderia acontecer a um ferreiro.

A ferradura também lembra a lua nova, um símbolo da força criadora das figuras da grande mãe, como a deusa egípcia Ísis e a deusa grega Ártemis.

Portanto, em vista de tudo isso, algumas pessoas acreditam que pendurar uma ferradura acima da porta (!!!) é um meio de usar as forças da vida para enfrentar as forças da morte.

Escaravelho – O escaravelho é um besouro que existe na região do mar Mediterrâneo.

Os antigos egípcios comparavam o hábito de o escaravelho botar apenas um ovo, que vai rolando até chegar a um nicho, a um deus que fosse empurrando o Sol pelo céu, para dar vida à Terra!!!

O escaravelho se tornou um amuleto que representava a vida e a fertilidade, e no século IV os fenícios já fabricavam braceletes com escaravelhos para vender em toda a região do Mediterrâneo.

Jade – Esta pedra é admirada nas mais variadas culturas, principalmente na China. É bem fácil compreender essa fascinação, já que, quando polida, é uma pedra lindíssima cuja cor pode variar do verde ao branco, do amarelo (ou laranja) ao preto.

O verde é a cor mais apreciada, e talvez pelo fato de ser uma pedra muito fria ao toque, o jade tenha ganho essa qualidade de representar a paz e o mistério.

Pé-de-coelho – Os coelhos (ou as lebres) são férteis, "rápidos como um raio" e tão espertos que conseguem freqüentemente enganar os melhores caçadores. Não é pois por acaso que tenham sido associadas a eles várias propriedades mágicas.

Em tempos remotos a magia era considerada contagiosa, e qualquer parte de um objeto possuiria as propriedades do todo, ainda que fosse separada dele.

Então, como são as patas traseiras do coelho que lhe dão velocidade, estas passaram a ser usadas como amuleto ao qual, com o passar do tempo, foram atribuídos também poderes curativos.

Atualmente, o pé-de-coelho é ainda visto como um amuleto de sorte, embora sua popularidade já não seja a mesma...

Pedra-ímã – Desde tempos muito remotos a magnetita, um minério de ferro magnético – uma pedra encontrada na natureza – foi usada como amuleto da sorte.

Acreditava-se que essa pedra seria capaz de atrair não somente o ferro, mas todo tipo de coisa boa.

Assim, uma idéia mágica associada à pedra-ímã é a de que traz poder, fortuna e sorte no amor.

Por isso mesmo, ela é conhecida na China como a pedra do amor, e uma antiga crença espanhola garante que se um homem quiser que uma mulher se apaixone por ele, tudo o que tem a fazer é triturar uma pequena pedra-ímã e engolir o conteúdo antes de dormir, que a mulher se sentirá depois magneticamente atraída por ele...

Trevo de quatro folhas – Em toda a Europa e América, os trevos de quatro folhas são muito populares como amuletos de sorte.

Em outros tempos existiu a crença de que àquele que encontrasse um trevo de quatro folhas seria concedido o poder especial de enxergar espíritos malignos, invisíveis às outras pessoas.

Durante a Idade Média, os cristãos acreditavam que o trevo de quatro folhas protegesse contra feitiçarias, e a medicina popular de então usava os presumíveis poderes da planta para purificar o sangue e cicatrizar feridas.

Na realidade, seu valor como amuleto estava ligado à raridade, pois tratava-se de uma mutação da variedade normal de três folhas.

Entretanto, desde 1950 é possível produzir em laboratório o trevo de quatro folhas, o que acabou com o seu conceito de planta rara...

Porém, se você encontrar um trevo de quatro folhas nascido naturalmente, guarde-o e não esqueça que uma das folhas é para a **fama**, outra para a **riqueza**, outra é para o **amor** e a última é para a **saúde**!?!? E não dê esse trevo a ninguém, senão sua sorte vai embora...

De fato, quando você acredita que um determinado objeto lhe traz boa sorte, de certo modo confere a ele poderes mágicos, e aí se concorda com o que disse Francis Bacon: "Os amuletos não extraem seu poder do contato com espíritos maus, mas da força da imaginação."

Contudo, sendo bem pragmático, para se conseguir o que se quer da vida não se deve ficar esperando um "golpe de sorte", mas sim criar a própria sorte, o que efetivamente não será através da presença dos amuletos.

Pessoas afortunadas são como todas as outras, mas destacam-se das demais pois sempre almejam coisas boas e trabalham duro.

E o que as torna **especiais** é o que fazem para que a boa sorte vá ao encontro delas.

Portanto, se você, caro leitor, quer ser atingido pela boa sorte, pare de esperar e comece a agir para que a sorte fique sempre do seu lado!!!

Talento

QUAL É O RECURSO ESTRATÉGICO VITAL NO SÉCULO XXI?

Sobreviverão no século XXI as empresas que souberem inovar e que tiverem mais profissionais talentosos. Aliás, parece que tudo isso é uma conseqüência direta do que vaticinou há muito tempo Charles Darwin.
No seu livro *A Origem das Espécies*, Charles Darwin escreveu: "Como nascem mais seres vivos dos que têm possibilidade de sobreviver, deve haver em cada caso uma luta pela existência, seja de um ser vivo contra outro de mesma espécie, ou contra os seres de espécies distintas, ou frente as condições físicas da vida."

O que porém Charles Darwin nunca imaginou (provavelmente...) quando apresentou os seus princípios da **teoria da evolução das espécies** por volta de 1859, é que eles teriam também aplicação na economia mundial no início do século XXI.

Darwin chegou à conclusão de que existiam forças antagônicas no entorno que forçavam os seres vivos a uma luta pela existência, e que apenas os mais capacitados seriam capazes de sobreviver!!!

Pois bem, é isso mesmo o que está ocorrendo hoje em dia com os nossos mercados, apesar de todos os esforços da Organização Mundial do Comércio (OMC).

Por outro lado, existem outras forças que estão mudando as regras do jogo nas organizações.

Assim, o capital deixou de ser o principal recurso produtivo, a vantagem competitiva baseada na redução de custos tornou-se muito frágil, e os **consumidores** nós os convertemos em **clientes** (ou eles se converteram por conta própria...) – sempre mais exigentes, menos leais e desejando produtos e serviços cada vez mais personalizados.

As empresas líderes no mercado podem perder grande parte dele quase que da noite para o dia, e até desaparecer em alguns meses se não se adaptarem às grandes mudanças que estão ocorrendo no século XXI.

É importante lembrar que 41% das organizações que em 1979 apareciam na relação das maiores empresas do mundo, segundo a classificação feita pela revista *Fortune*, no final de 2005 não existiam como entidades corporativas.

E o motivo de tudo isso está sem dúvida nas forças exógenas que Darwin mencionou há tanto tempo – aplicadas às empresas, é claro –, que têm revolucionado desde o conceito do mercado até o que vem a ser uma competência essencial de uma organização, desde o próprio conceito do que vem a ser uma empresa até qual é a importância dos empregados para ela.

A tecnologia – em particular as tecnologias da informação e comunicações (TIC) –, a globalização, a desregulamentação dos mercados e a baixa natalidade que influencia principalmente os países da Europa, converteram-se nas forças adversas para algumas organizações (e países), e propícias para outras (ver Figura 3).

A inter-relação de todas essas forças tem provocado a mutação das leis da sobrevivência.

A **inovação** converteu-se em necessidade – não é apenas uma questão de escolha – e o talento dos profissionais virou o principal recurso das organizações no século XXI.

Ainda que o capital e a tecnologia continuem sendo fatores necessários – na realidade são essenciais –, eles não são mais suficientes para que as pessoas sobrevivam no meio ambiente empresarial atual, porque não diferenciam mais as organizações.

Sem dúvida, o **talento** que possui uma empresa e a sua capacidade de inovar e de adiantar-se aos concorrentes no mercado, não apenas lhe permite manter-se viva, como também lhe possibilita muitas vezes mudar as regras do jogo.

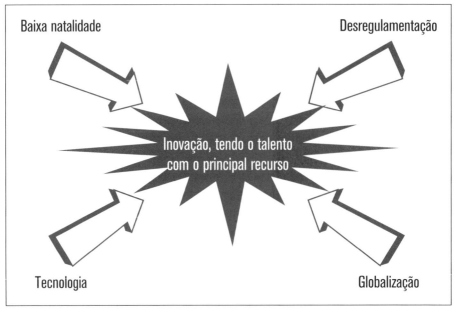

Figura 3 – As forças da economia.

Para sobreviver neste ambiente, além de ter que lutar em um mercado altamente competitivo satisfazendo os clientes, desenvolvendo produtos e serviços inovadores, entrando em novos segmentos e setores, etc., as organizações têm que se preparar para um outro campo de batalha, mais árduo e complicado.

É a **batalha pelos talentos**, como aliás antecipou a empresa de consultoria McKinsey, ainda em 1998.

E como se deve proceder para sair vitorioso dessa batalha?

Na realidade o que a McKinsey recomenda é que as empresas adotem uma abordagem sistêmica fundamentada no que escreveu Sun Tzu, há mais de 2.500 anos, no seu livro *A Arte da Guerra*, no qual apontava os seguintes princípios:

"A arte da guerra é governada por cinco fatores constantes que devem ser levados em conta:

➡ a **lei moral** – faz com o povo fique em completo acordo com o seu governante;
➡ o **céu** – significa o dia, a noite, o frio, o calor, o tempo e as estações;
➡ a **terra** – representa as distâncias, perigo, segurança, oportunidades e ameaças;
➡ o **chefe** – simboliza virtudes, sabedoria, coragem e retidão;
➡ o **método e disciplina** – definem a organização, operação e apoio.

Esses fatores devem ser familiares...Quem os conhecer vencerá...Quem os ignorar perderá...!?!?"

Claro que explicando um pouco melhor tudo isso deve-se dizer inicialmente que Sun Tzu acreditava que o **sábio ganha antes de lutar, enquanto o ignorante luta para ganhar!**

Nesses princípios deve-se entender que a lei moral (o *tao*) significa poder induzir as tropas a terem o mesmo objetivo dos seus generais, e que estas possam encarar tanto a morte como a vida sem nenhum temor.

Já a autoridade (chefe) tem tudo a ver com inteligência, honradez, humanidade, valor e seriedade.

Finalmente, o método e a disciplina levam a uma ordem que significa, como foi dito, organização, cadeia de mando e logística.

Os gestores que querem ter sucesso no século XXI precisam conhecer em profundidade quais são as causas da "guerra" entre as empresas, ou seja: a necessidade de inovar devido às quatro forças da economia – **globalização, desregulamentação, tecnologia e baixa natalidade.**

Por isso precisam estar conscientes de que vão ter que lutar muito.

Caso a sua empresa já esteja em plena guerra (como ocorre com as empresas que fabricam cerveja no Brasil...) é preciso reforçar-se para não perder os combates.

Se a sua companhia, por outro lado, não pertence a um desses setores que estão em constante confronto com a concorrência – quase um litígio –, mesmo assim não se pode confiar que daqui a algumas semanas não aconteça uma reviravolta, e que a calmaria desapareça pondo em risco a existência da empresa.

E se você é tão otimista que não acredita que isso pode se tornar real em sua organização, comece a acreditar que pode estar trabalhando numa empresa que tem os seus dias contados...

O fato é que no século XXI, o céu, a terra e o espaço se modificaram muito em razão da influência das forças vigentes na economia.

O tempo "encurtou" tanto devido à Internet, que planejamento de longo prazo é aquele feito para três meses!?!?

A velocidade vai ser cada vez mais a principal exigência tanto para as empresas como para se ganhar a **guerra pelos talentos**.

E os bons profissionais não têm mais muitos motivos de esperar em empresas que estão paradas...

Os processos de captação e retenção terão que ser mais rápidos do que nunca.

Já não é suficiente ter bons planos e demorar para implantá-los, ou ficar aguardando o momento adequado para implementá-los.

Quem quiser ganhar a guerra empresarial deve entender que para tanto precisa vencer a guerra pelo talento, e o momento é agora!!!

Por outro lado, a Terra por sua vez parece que ficou mais ampla para todas as empresas.

A globalização abriu muitos mercados, porém também possibilitou que outras empresas inclusive de outros países, possam estar interessadas em seduzir os profissionais da sua companhia (veja como é difícil hoje um clube brasileiro de futebol segurar um jovem e talentoso jogador que só pensa em se transferir para algum clube da Europa ou da Ásia).

E não se pode nem confiar no pequeno tamanho que pode ter a empresa que quer "roubar" os talentos da sua organização.

Basta ver quantos talentosos empregados têm deixado grandes organizações para se tornarem sócios de pequenas empresas *start-up* (iniciantes), digamos, atuando em projetos ligados à Internet.

Aliás, uma boa pergunta é: por que um profissional talentoso desejaria continuar trabalhando numa organização se esse seu talento é hoje tão requisitado?

Só se for por lealdade à antiga empresa, ou por uma lei moral.

Mas isso está ficando cada vez mais raro.

As empresas nos anos vindouros se verão em contínuas guerras por talentos, e terão que desenvolver os próprios talentos e criar fortes esquemas de retenção para não perdê-los.

Em outras palavras, precisarão definir interessantes proposições de valor aos seus profissionais talentosos para que os mesmos não saíam das suas organizações.

Na realidade, as empresas terão que seguir regras de jogo novas nas quais vão se comprometer muito com os profissionais talentosos, não só para conseguir atraí-los, como principalmente para mantê-los na companhia.

De agora em diante ficará cada vez mais claro para todas as organizações que para terem liderança no mercado terão que inovar constantemente, e o recurso estratégico para isto é o **talento**.

No entanto as guerras, na sua maioria, não são ganhas apenas por guerreiros ou heróis solitários. Quem ganha as guerras são exércitos dirigidos por militares líderes e talentosos.

Passar do talento individual (soldados, heróis e generais) para um talento organizacional (o exército todo como tal) é o objetivo da gestão de talentos. **E como é que se consegue isto nas empresas?**

Utilizando os facilitadores organizacionais que têm competência para captar, desenvolver e reter os profissionais talentosos.

Assim, todas as empresas buscarão líderes talentosos para estarem à frente de um exército de profissionais talentosos.

Naturalmente nós, que na FAAP investimos tanto no ensino da Criatividade, e agora no Empreendedorismo (do qual a Criatividade é um ingrediente vital), podemos dizer que estamos aptos a desenvolver, pelo menos na instituição, a gestão dos nossos talentos, e ao mesmo tempo ensinar como se podem desenvolver novos talentos que abrirão novos negócios inovadores.

Entretanto, o alerta que se deve dar a todas as outras organizações é que no século XXI, que já recebeu muitas denominações, o que se privilegiará muito é o ser humano talentoso.

Sejam, pois, todos bem-vindos à **era dos talentos!!!**

Tédio

VENCENDO O TÉDIO!!!

Inúmeras são as possibilidades que as pessoas têm no século XXI a fim de utilizar o tempo livre para algo que agregue valor, aumente os seus conhecimentos, que não seja uma atividade rotineira e que não excite os indivíduos.

No Japão acaba de ser lançada uma engenhoca que certamente serve para aliviar o tédio de ficar esperando numa fila ou na viagem diária de ida e volta ao trabalho.

São os óculos de sol com vídeo!!!

O aparelho chama-se *Teleglass,* é conectado a um tocador de DVD portátil, telefone celular ou câmera digital, ou projeta filmes, mensagens de texto ou fotografias diretamente na lente esquerda dos óculos, deixando o outro olho livre para permitir que a pessoa, ou melhor, o espectador se movimente em segurança...

A fabricante do aparelho, a Scalar – empresa japonesa de tecnologia médica –, diz que o projeto é uma mistura dos **amplificadores** usados pelos dentistas e dos **visores** sem uso das mãos que permitem aos pilotos de helicóptero fazerem mira com uma metralhadora.

O primeiro lote produzido pela Scalar do *Teleglass* foi vendido na Internet e esgotou-se rapidamente, por isto a empresa acredita que deparou com um sucesso comercial.

Como você ainda não tem o *Teleglass*, vamos indicar-lhe 15 opções que certamente serão úteis para que também consiga acabar com o seu tédio.

1) Faça uma viagem curta para um lugar a que nunca foi antes.

As opções aqui, principalmente para quem vive em São Paulo, são inúmeras, desde tomar o Metrô e ir a um bairro que nunca visitou, até dirigir o automóvel para alguma cidade próxima onde exista muito artesanato, bons restaurantes, lindas flores, etc.

2) Melhore a sua forma física.

Que tal ir a uma nova academia de ginástica para nadar, entrar numa escola de dança e começar a aprender a bailar o tango ou praticar o sapateado flamenco?

3) Inunde-se de cultura.

Participe de programas culturais, vá a exposições/ou mostras em desenvolvimento na cidade, não deixando de voltar ao mesmo museu, desde que lá se esteja apresentando algo novo, como acontece sempre no Museu de Arte Brasileira (MAB) da FAAP.

4) Pratique um pouco de esporte.

Que tal ir a um local onde se possa jogar boliche ou até atirar dardos num alvo?

Ir até um "pesque-e-pague" também serve...

5) Passe um tempo no campo.

Veja se consegue um convite para visitar um condomínio no qual estão residências maravilhosas e uma infra-estrutura de lazer admirável.

Quem sabe você aí pode até encontrar um amigo morador que lhe explique melhor todas as vantagens de viver no campo!!!

6) Organize-se um pouco melhor.

Que tal dar uma geral na sua biblioteca, nas suas roupas, nos seus equipamentos, etc.?

Certamente vai achar coisas que nem lembrava mais que tinha, ou outras das quais não precisa...

7) Pratique alguma ação social.

Quem pode deve sempre ajudar os que têm menos condições, pois essa ação inclusive trará a cada um a maravilhosa sensação de bem-estar.

Então, aqueles livros de que não precisa mais doe a uma biblioteca, aquelas roupas que não vai mais usar mande para alguma instituição de caridade, para alguém necessitado.

Sem dúvida, após essa ação você ficará mais energizado e feliz.

8) Amplie as informações armazenadas no seu cérebro.

É natural que devamos de preferência encher os neurônios com informações que nos façam crescer na vida profissional e espiritual.

E nesse sentido, uma das boas receitas é assistir, pelo menos uma vez por mês, a uma peça teatral, dos mais variados gêneros.

9) Plante uma flor ou alguma outra planta.

Uma atividade extremamente reconfortante e energizante é a de acompanhar a evolução do crescimento de uma planta ou de uma flor em particular.

Tenha, pois, sempre os seus vasinhos novos, mesmo que more num apartamento, e dedique-lhes um tempo que, no mínimo, diminuirá o seu estresse...

10) Leia um bom livro!!!

Esta não podia faltar, e como surgem a todo momento bons livros, não é?

E não só os livros, como revistas com artigos maravilhosos.

No intuito de estar de acordo com a 8ª opção, o ideal inclusive é ler livros sobre tudo – drama, mistério, biografia, humor, qualidade de vida, etc.

11) Embeleze-se e higienize-se o mais que puder!!!

Se o leitor vivesse na Europa, ou em particular na Rússia, a idéia seria a de ir a um daqueles locais que lá se chamam de *banya* (sauna para nós, no Brasil), que pode ser turca, finlandesa ou russa. Aqui obviamente a melhor idéia seria a de ir a um bom *spa* (que significa balneário) no qual, além dos banhos de vapor se pode fazer massagens, ginástica controlada, e até iniciar um processo de combater a obesidade.

Uma outra alternativa é ir a um salão de beleza no qual não se tenha entrado antes, mesmo sem ser um metrossexual!!!

Cuidar de si mesmo é uma tarefa intransferível, e neste sentido não se deve esquecer da prática da ioga...

12) Divirta-se um pouco.

Uma excelente opção seria a de ir a um circo, pois por pior que sejam os seus palhaços, sempre se acaba rindo gostosamente, como fazem as crianças.

Uma opção mais simples é a de assistir a algum programa humorístico na televisão (e hoje existem inúmeros canais de filmes), ou então ir especificamente ao cinema, ou ainda alugar uma película de humor.

Realmente, ver um filme da série Mr. Bean alegra e dissipa freqüentemente as preocupações e os aborrecimentos.

13) Vá passear no parque!!!

Um lugar relaxante é o parque.

E mesmo que não tenha tempo de ir até um grande parque, sente-se num banco de jardim de alguma praça próxima, leia um jornal, delicie-se com um sorvete (um "pecadinho" permitido a todos de vez em quando...), passeie com o seu "melhor amigo", o cão, e observe o comportamento descontraído de todas as outras pessoas que lá estiverem.

Você certamente ficará bem mais calmo, um estado no qual se consegue adquirir novos conhecimentos e é quando surgem as novas idéias.

14) Aprenda alguma arte ou resolva algum tipo de quebra-cabeça.

Aí vale tudo, desde comprar material para origami – arte tradicional japonesa de dobrar pedaços de papel em formas representativas de animais, objetos, flores, etc. – até adquirir um equipamento completo para desenho e pintura.

Servem inclusive aqueles *kits* (conjuntos) para desenhistas amadores.

Como alternativa vale também comprar esses jogos que no fundo são os quebra-cabeças que exigem combinar diferentes peças para com elas formar um todo, que pode ser uma figura, uma mapa, uma frase, etc.

O Lego está incluído....

Na alternativa mais elementar compre revistas de palavras-cruzadas e outras similares.

Sem dúvida, você vai se divertir muito com qualquer uma dessas opções.

15) Faça um passeio romântico com a pessoa amada, a um local onde nunca foi antes.

Evidentemente, esta é uma formidável opção, pois a coisa que mais nos distrai e mais nos traz felicidade é o amor que se sente por alguém, estimulado por um ambiente romântico...

Que tal, caro leitor, gostou dessas sugestões para vencer o tédio?

Entre essas opções há alguma que você usa pouco?

Pois então "embarque" nela para tornar a sua vida menos tediosa, isto é, para que ela tenha uma qualidade melhor e seja mais significativa!!!

Tipos de Aprendizagem

QUE TIPOS DE APRENDIZAGEM EXISTEM?

Atualmente, o valor da **aprendizagem organizacional** é universalmente reconhecido.

Tanto os principais executivos como os gerentes seniores de uma organização encaram o conhecimento como um ativo-chave da sua empresa e, como tal, é algo que deve ser alavancado e explorado com propósitos competitivos.

Eles vêem as melhores práticas como fontes de maior produtividade e crescimento, a serem disseminadas o mais rapidamente possível.

Consideram as raízes criativas e o pensamento inovador como essenciais para o sucesso em novos mercados em constante mutação.

Por todas essas razões, é difícil encontrar um gestor, hoje em dia, que pelo menos não alardeie a importância de se construir uma organização que aprende.

Quem quer realmente incrementar um eficaz programa de aprendizagem organizacional deve recorrer à leitura de *Aprendizagem em Ação – Um Guia para Transformar sua Empresa em uma Learning Organization*, de autoria de David A. Garvin.

No seu trabalho, David A. Garvin argumenta que no cerne da aprendizagem organizacional existe um conjunto de processos que pode ser planejado, desenvolvido e conduzido.

Ele descreve as etapas básicas de todo processo de aprendizagem – aquisição, interpretação e aplicação do conhecimento – e depois examina os desafios críticos enfrentados pelos gerentes em cada uma dessas etapas, bem como as várias formas que podem ser utilizadas para superar tais desafios.

Valendo-se de décadas de estudo e de uma vasta bagagem de exemplos provenientes dos mais diversos campos, David A. Garvin apresenta três modalidades de aprendizagem: **a coleta de inteligência**, a **experiência** e a **experimentação**, mostrando como cada uma pode ser implementada com maior eficácia.

Praticamente, todos os estudos de aprendizagem organizacional dividem o processo em três (ou talvez quatro) etapas.

Para que a aprendizagem ocorra, as empresas devem primeiramente **adquirir** informações, agrupando fatos, observações e dados.

Nesse estágio a matéria-prima da aprendizagem é coletada e as questões críticas incluem:

➡ Quais informações devemos buscar?
➡ De onde?
➡ Como elas devem ser obtidas, e por quem?

Adquirir informações úteis é surpreendentemente difícil, pois sinais valiosos são freqüentemente acompanhados por ruídos inúteis.

Assim, *insights* (discernimentos) críticos permanecem isolados em bolsões e nem sempre são conectados ou agrupados.

Mesmo quando se obtêm vários dados necessários, a mensagem subjacente muitas vezes permanece obscura.

Se já não bastassem tais desafios, há ainda uma outra complicação.

Ao contrário de instrumentos e equipamentos eletrônicos, programados para registrar todos os dados que entram, as pessoas, e em particular os gestores, são mais seletivos.

Eles não atentam para todas as informações, mas utilizam "processos que amplificam alguns estímulos e atenuam outros, assim distorcendo os dados brutos e concentrando a atenção."

Tudo faz crer que primeiramente se forma uma hipótese ou se estabelece uma perspectiva; daí, a informação é coletada com essas estruturas em mente.

Como observaram já alguns psicólogos sociais, os resultados são previsíveis: "muito do que as pessoas classificam como informações apenas reafirmam velhas notícias".

Em seguida, as organizações interpretam informações, produzindo perspectivas, posições e uma compreensão refinada.

Nesse ponto, a matéria-prima é processada e analisada, sendo que as questões críticas incluem:

- ➡ O que essas informações significam?
- ➡ Quais são as categorias que devemos aplicar?
- ➡ Que relações de causa e efeito estão agindo?

É evidente que mesmo que as organizações fossem capazes de adquirir todas as informações essenciais, ainda assim teriam de interpretá-las.

São principalmente os gestores que devem, literalmente, mergulhar no enxame de eventos que constituem e que cercam a organização e, de forma ativa, precisam tentar impor um pouco de ordem...

A interpretação é o processo de traduzir esses eventos, de desenvolver modelos para compreensão, de extrair significado e de montar esquemas conceituais.

Na maioria dos casos, as relações subjacentes de causa e efeito são difíceis de ser especificadas, e os dados podem ser vistos por mais de uma perspectiva.

- ➡ Por exemplo, a redução de preços por parte de um concorrente implica que uma guerra de preços é iminente, ou que ele está apenas tentando reduzir o excesso de bens em estoque?
- ➡ Quando o aumento na demanda configura uma virada na economia, ou meramente um ajuste sazonal?
- ➡ Será que as novas tecnologias são apenas modismos que irão desaparecer em breve, ou será que significam mudanças fundamentais nas necessidades de produção?

Finalmente, as organizações **utilizam** ou **aplicam** as informações, desempenhando tarefas, atividades e adotando novos comportamentos.

Nesse momento, a análise se traduz em ação, incluindo questões como:

- ➡ Que novas atividades são apropriadas?
- ➡ Que comportamentos devem ser modificados?
- ➡ Como podemos gerar uma resposta coletiva da organização?

Obviamente, cada um desses estágios possui suas próprias atividades e desafios distintos.

Em função de a aprendizagem ser normalmente **associada ao pensar**, **não ao agir**, o estágio de aplicar as informações nem sempre é considerado como parte do processo de aprendizagem.

Os gerentes eficazes são porém aqueles que conseguem traduzir suas interpretações em comportamentos concretos, e devem se assegurar de que uma massa crítica da organização adote as novas atividades.

À primeira vista, **o processo de aquisição-interpretação-aplicação** parece um modelo extremamente simples.

Todavia, cada um dos três estágios traz desafios.

Dessa forma, os problemas de aquisição derivam de descuidos, omissões e erros no modo pelo qual as informações são coletadas, resultando em dados tendenciosos ou incompletos.

Os problemas de interpretação surgem de distorções na forma pela qual as informações são processadas através de estruturas preexistentes – um grande número desses problemas ocorre porque os gerentes são estatísticos imperfeitos e fazem julgamentos incorretos sobre as probabilidades dos eventos.

Os problemas de aplicação e utilização nascem da aversão de toda empresa aos riscos, e da dificuldade que as pessoas têm em reconhecer que seu comportamento real freqüentemente é muito diferente de seu comportamento ideal.

Em conjunto, esses problemas conspiram para solapar a aprendizagem e reduzir sua eficiência.

É por isso que os gestores devem saber lidar com eles de forma agressiva para que deduções, decisões e ações precisas resultem das novas informações.

Viciados em trabalho

"Zé Walter, quando você aceitou esse trabalho, neste documento estavam escritas as suas regalias e os benefícios que iria desfrutar. Agora vamos dizer que isso não existe mais..."

SOMOS ESCRAVOS DO TRABALHO?

Richard Donkin, um dos principais articulistas do prestigioso jornal *Financial Times,* escreveu o livro *Sangue, Suor e Lágrimas*, no qual aborda as grandes mudanças no trabalho ao longo dos séculos, influenciando significativamente o modo como as pessoas vivem e se comportam.

Duas delas – a Revolução Agrária (quando as pessoas abandonaram a vida da caça e da coleta e se reuniram em comunidades de agricultores) e a Revolução Industrial (quando começaram a se concentrar em fazendas e cidades) – foram divisores de água na evolução do trabalho.

Uma terceira revolução em nosso modo de trabalho e de vida está em curso no século XXI, motivada, desta vez, pela moderna tecnologia exigindo dos trabalhadores novas aptidões e expondo-os a tensões bem diferentes e bem mais intensas que em outras épocas...
No seu livro, Richard Donkin faz duas perguntas básicas:
➡ **Por que trabalhamos?**
➡ **Por que trabalhamos tanto?**

Bem, tentando responder às duas questões, pode-se inicialmente afirmar que a maioria das pessoas considera a necessidade do trabalho como um fato preestabelecido.
Alguns dizem que se trata de uma necessidade psicológica.
Outros ainda replicariam afirmando que a única razão para trabalhar é a subsistência.
Mas o que é essa subsistência?
Uma definição possível seria esta: é uma renda suficiente para abrigar, vestir e alimentar uma família, sem recorrer aos suplementos existentes do bem-estar social.
Mas a renda média da crescente classe intermediária da sociedade industrializada moderna proporciona um padrão de vida que excede em muito essa definição.
Então talvez trabalhemos para progredir de alguma forma, para aprimorar nossos filhos e a nós mesmos.
Hoje em dia, em alguns casos ao trabalhar podemos estar satisfazendo uma necessidade íntima de reconhecimento e respeito, que inclusive podemos obter em nosso trabalho remunerado ou não.
Fica claro então que trabalhamos por diversas razões!
Lamentavelmente e com freqüência as pessoas trabalham de cabeça baixa, cumprindo as rotinas e rituais diários na crença – geralmente pouco convictas – de que sua contribuição de alguma forma auxilia a criar um mundo melhor.
Os indivíduos cresceram na última metade do século XX acreditando que todos os grandes avanços tecnológicos – robôs, computadores, *software*, o *chip* de silício – poupariam trabalho e lhes permitiriam ter mais tempo livre.
Infelizmente hoje já não temos essa certeza!
Assim como as grandes avenidas geraram mais trânsito, a tecnologia gerou mais indústrias e serviços e ainda **mais trabalho**.
Por incrível que pareça, ocorreu uma relação exponencial positiva entre o que pode ser descrito grosseiramente como **"progresso"** e trabalho.
Na primeira metade do século XX, isso pode ter soado agradavelmente, já que a estrutura regulada e a natureza fabril dos empregos operacionais ditavam que mais trabalho equivaleria a mais empregos, os quais eram necessários às populações cujo crescimento disparara com as melhorias na saúde e ainda não fora controlado por contraceptivos confiáveis e aceitos em larga escala.

Mas a última década do século XX testemunhou um **desmantelamento** dessa estrutura e uma erosão do conceito de serviço.

Tais mudanças suscitaram a crença de que no século XXI a influência dos computadores está criando um divisor de águas no modo de trabalharmos, tão fundamental quanto a Revolução Industrial e a antiga Revolução Agrária, quando as pessoas desenvolveram a habilidade de cultivar safras, milhares de anos atrás.

A sociedade por todo o mundo está cada vez mais se dividindo entre **os que têm** e os **que não têm**.

Até nos EUA já está se verificando o fenômeno dos trabalhadores pobres, das pessoas cujo trabalho não lhes proporciona uma renda suficiente para viver.

Ao mesmo tempo, há executivos-chefes nas grandes empresas de capital aberto que viram os seus salários e bônus dispararem, a ponto de ganharem 200 vezes mais que seus subalternos.

Ao que parece, a redistribuição de renda está fluindo para cima e não para baixo.

O contra-senso é que alguns desses indivíduos superbem pagos estão trabalhando por tantas horas que raramente têm a oportunidade de deixar seus empregos e desfrutar um momento de lazer.

Anos atrás havia momentos em nossas vidas que dedicávamos somente ao entretenimento e ao lazer, mas esses dias preciosos, outrora sacrossantos, foram invadidos pelos novos meios de comunicação do ambiente de trabalho.

Assim, atualmente é comum que o entretenimento esteja vinculado ao trabalho.

Por outro lado, fora do seu ambiente de trabalho, o executivo precisa assumir "de bom grado" o papel de aprendiz.

Tal mudança de papel é sutil, porém significativa.

As pessoas em posição de comando precisam reconhecer que temos diferentes papéis em diferentes situações.

No novo ambiente de trabalho, a autoridade é conferida ao conhecimento disseminado por toda a sociedade.

Ele não é mais um atributo exclusivo dos ricos ou dos privilegiados.

O trabalho passou a dominar a vida das massas assalariadas, a tal ponto que elas estão perdendo a capacidade de se divertir.

É como se o mundo estivesse se dividindo em duas sociedades: **uma que dispõe de meios para apreciar o lazer, mas não dispõe de tempo, e outra que dispõe de tempo, mas não dispõe de meios.**

Naturalmente que as pessoas ainda têm seus momentos de ócio e seus passatempos.

Porém, hoje em dia, quando as classes assalariadas se divertem, costumam condensar o tempo livre em **"bocadinhos de lazer".**

Enquanto isso, os **"bocadinhos de trabalho"** adentram pelas horas livres, já que muitos acordos são negociados pelo telefone celular durante o intervalo de um programa de televisão ou de uma peça de teatro.

De uma forma ou de outra, os momentos de lazer disponíveis na **sociedade instantânea** de hoje foram reduzidos para corresponder à nossa pouca capacidade de cuidar do descanso e entretenimento planejados.

Tudo indica que nos tornamos prisioneiros voluntários do que o famoso sociólogo alemão Max Weber chamou de a "gaiola de ferro" de um materialismo regido pelo consumo e pela produção.

No início do século XXI, enquanto viajamos em trens metropolitanos, vestidos de terno, lendo jornais, carregando pastas ou computadores, esses traços trogloditas estão começando a roer a raiz da felicidade de cada um, pois as pessoas estão numa busca frenética e insaciável por mais riqueza e posição.

Atingimos um estágio em que a **maneira** como trabalhamos requer não somente novas definições, como também novas explicações e interpretações.

E ela é importante não apenas para nós como indivíduos, é importante também para quem emprega nossas capacidades.

Hoje em dia, muitas vezes somos classificados como **ativos**.

E realmente é isto o que somos – ativos vivos, respirando, presos e encasulados nas teias dos setores público e privado que geram os nossos salários e rendas.

Atualmente a tecnologia possibilita que uma proporção cada vez maior da população trabalhe em algo de sua preferência, mas as atitudes em relação ao trabalho continuam presas ao modelo das "oito às seis" (ou bem mais horas...).

Mesmo a linguagem do trabalho faz uso de definições antiquadas.

A expressão "trabalho em casa"soa ainda contraditória para pessoas que associam a casa ao lazer e às preocupações domésticas.

É como se houvesse uma grande demarcação no tempo e no espaço, e as pessoas acreditassem que devem cruzá-la em sua transformação diária.

Até quem já deu o salto psicológico para o trabalho a distancia enfrenta dificuldades diante da necessidade de manter contato com outras pessoas.

Para milhões de trabalhadores, a emancipação prometida pela tecnologia da informação (TI) nunca ocorreu!!!

Pelo contrário: eles se vêem encurralados pelas exigências da comunicação.

Correios de voz, *e-mails*, *pagers* e celulares estão sufocando o ambiente de trabalho.

Na sociedade da informação, o trabalho pode ser invisível.

➡ Mas como remunerar um funcionário que está "refletindo" sobre um problema profissional?

➡ Esta "reflexão" não é um trabalho?

Pois é, parece que pensar em fazer as coisas de forma diferente e melhor, ou seja, usar a sua criatividade não é ainda entendido como um trabalho que deva ser bem remunerado.

Na verdade, precisamos desesperadamente de uma nova **psicologia de trabalho**, de um desmantelamento total das antigas demarcações entre o trabalho e o lazer.

Da mesma forma que os esportistas profissionais são pagos para fazer o que gostam, é preciso que os trabalhadores reconheçam que o trabalho pode ser divertido e que há uma necessidade corporativa de que o seja.

Os empregadores devem também saber e fazer o possível para aumentar a satisfação dos empregados, considerando essa ação como uma prioridade administrativa.

Afinal, é aí que está o cerne da questão.

O trabalho pode ser estressante e extremamente monótono e doloroso, mas igualmente pode (e deve) ser divertido.

Será que devemos nos sentir culpados por nos divertir em nosso trabalho?

Talvez não, mas muitos de nós se sentem assim, visto que a maior parte da sociedade ficou imersa na **ética protestante do trabalho** – um *ethos* que por centenas de anos e para uma grande quantidade de pessoas serviu como definição de trabalho, gerando a crença de que é a labuta, que é o que preferiríamos não fazer, mas que sabemos ser necessário porque nele reside a salvação!?!?

Essa é a ética que define o trabalho como um fim em si, a ética criacionista do trabalho.

Desafiar hoje em dia a ética protestante do trabalho, sobretudo na sociedade ocidental e também em muitos países da Ásia, tornou-se uma heresia.

Sugerir que poderíamos ter mais tempo livre ou questionar o porquê de trabalharmos são questões vistas com desconfiança e desprezo: são a linguagem de um enrolão ou de um preguiçoso.

No mundo descrito pela ética protestante do trabalho há os que trabalham e há os desocupados – porque querem – e a inatividade voluntária deve ser considerada **um pecado**!

É claro que isto não envolve o caso quando um trabalho foi inútil, equívoco ou mesmo destrutivo – os cientistas que dedicam toda a sua vida a alguma premissa, os arquitetos que criam torres disformes de blocos, os projetistas cujas idéias são descartadas, os escritores cujos livros não são publicados, ou então os soldados cujo trabalho e especialidade consistem em ceifar vidas em guerras insensatas.

Infelizmente, muito esforço e energia são dispersados ou mal direcionados na sociedade pragmática do século XXI.

As empresas devem se dar conta de que seus empregados precisam de uma vida fora do ambiente de trabalho.

Muitas vezes essa vida exterior proporciona uma plataforma para a criatividade negada na instituição, ou no emprego ou na escola.

E é nessa criatividade que está o futuro das empresas, qualquer que seja o seu tamanho.

Richard Donkin, no seu livro *Sangue, Suor e Lágrimas,* diz: "A nova ética do trabalho não será visível entre os empregadores mais convencionais nem será encontrada nos cursos de administração.

Ela reside dentro de nós e somente nós, como indivíduos, podemos desenvolvê-la.

Ela envolve o abandono de certos hábitos reconfortantes, como a carreira de uma vida.

E envolverá um minucioso processo de avaliação: o enquadramento pessoal da alma, a compreensão dos elementos que nos motivam, do que realmente valorizamos na vida, do que apreciamos fazer e do que é preciso ser feito no quadro mais geral.

Há muitas maneiras de dar esse passo.

Algumas pessoas se servem de uma espécie de psicanálise – o tipo usado ocasionalmente pelos profissionais de recolocação –, outras se valem das idéias proporcionadas pelos testes de personalidade, e outras ainda envolvem-se com o questionamento cuidadoso feito por pessoas que nos são mais caras e íntimas.

E isso não significa que devamos sair afoitos em busca do livro mais próximo de auto-ajuda, pois seria compactuar com a danosa obsessão perfeccionista que caracteriza nossas vidas centradas no trabalho.

Devemos aprender a relaxar, a espairecer, a fazer menos coisas inúteis, a reconhecer o essencial e evitar o supérfluo, a viver com a imperfeição; mais do que isso, a **celebrar a imperfeição.**

A moda impôs a **qualidade total** – o estilo de vida *Seis Sigma* (praticamente sem falhas ou erros) – até o ambiente doméstico...

É hora de dizer **'chega'**! E para isto devemos agir e logo.

No mínimo precisamos impor uma pausa diária para um período de reflexão.

'O mundo está mudando tão rápido, que não tenho tempo para nada', você diria.

De fato a mudança é como um rio, mas continue na correnteza e você será levado para o mar...

Claro que a mudança é uma constante, mas a mudança rápida para mim é uma ilusão.

As coisas mais importantes da vida – nossas crenças e valores – são tremendamente refratárias às modas passageiras, e grande parte do que hoje em dia se denomina mudança é impregnada por modas.

É essencial, para nosso bem, que separemos o bom, o saudável e o importante dos tumultos e histerias transitórias.

O trabalho é fascinante quando o contemplamos.

Mas não devemos nos preocupar tanto com ele.

Não devemos nos tornar escravos do trabalho."

Vida Saudável

Inicialmente vale a pena ter uma resposta para a pergunta: é melhor viver muito ou viver menos e bem? Como todos nós precisamos de mais um conjunto de normas para seguir, como ainda não fomos suficientemente bombardeados por ditames sobre as cores das frutas e legumes que devemos comer, a ingestão da quantidade ideal de bebidas alcoólicas e a freqüência perfeita de exercícios de baixo impacto, a revista *Journal of the Americam Medical Association*, de abril de 2006, publicou uma matéria na qual indicava que uma rigorosa restrição de calorias pode ajudar muito na busca de uma **vida longa e saudável**.

A quantidade de calorias diárias da dieta recomendada pela revista não deve ultrapassar 890 calorias(!?!?), o que é menos que um adolescente ou adulto come numa lanchonete *fast-food* numa só refeição, e quando não fez ainda a cirurgia de redução de estômago.

Esse pode ser considerado um objetivo útil – não superar 890 calorias na alimentação diária – exceto pelo fato de ser tão ridiculamente inatingível em profissões que não sejam a de um modelo...

Se viver até os 99 anos significa eliminar para sempre o bife de contra filé quando chegar na casa dos 80, deve-se também abandonar a batata assada e deixar as bebidas alcoólicas para sempre na adega, parece que atingir só 85 anos parece bem melhor, e talvez, há alguém que aceite reduzir para 79 anos a sua vida se isto significar que também o consumo de sorvete for permitido, com alguns lapsos de espontaneidade, porém obviamente, não se abrindo mão da batata assada, do file, do vinho, etc.

Será que realmente precisamos do máximo de anos que conseguiremos, independente da forma como os conseguimos?

Até que ponto o desejo por uma vida mais longa – um desejo que gira em torno da discutível pressuposição de que o hábito pode superar a hereditariedade... –, torna-se a principal preocupação de uma pessoa?

Será que a longevidade leva a tantas vantagens como dizem por aí?

Não se deve esquecer também que em abril de 2005, um outro estudo publicado também na *Journal of the Americam Medical Association* mais conhecida como *Journal of Utterley Mixed Signals (Revista dos Indicadores Extremamente Confusos)*, demonstrou a correlação entre a magreza extrema e o aumento no risco de morte!!!

Aliás, o estudo indicou claramente que as pessoas acima do peso, mas não obesas poderiam estar melhores, ao menos em termos de atingirem o cobiçado *status* de nonagenários.

Pois é, estamos inundados de restrições comportamentais, muitas delas conflitantes entre si.

Assim caro leitor acho que você não deve abandonar a sua intenção de comer o seu pão com geléia devido a doutrina de alguma dieta.

Deve isso sim comer, pois isso o faz feliz o que vale muito!!!

➡ **Mas será que a qualidade de nossos dias não é mais importante que a quantidade deles?**

É impossível prever com certeza o amanhã.

Não se pode também garantir um certo número de anos de vida com a ingestão de um número específico de calorias, nem com um número particular de horas de sono ou com o consumo de certo número de gramas de chocolate amargo ou de fibras.

Porém o que é indiscutível é que podemos determinar o grau de alegria que desejamos extrair de cada um dos dias de nossa vida!!

Apesar dessa posição uma tanto indisciplinada, antes de ler as "dicas" para a vida saudável, divirta-se com alguns pensamentos e o pesadelo de uma ginástica "pesada" após os 40 anos.

SOBRE A VIDA E MORTE, QUEM TEM FRASES "FANTÁSTICAS" É O MILLÔR FERNANDES, TAIS COMO:

Vida

→ A vida é incurável.

→ A vida consiste em pensar na morte o tempo todo.

→ A vida é um suicídio bem devagarinho.

→ A vida nunca é melhor do que já foi nem, claro, tão ruim quanto será.

→ A morte é compulsória, a vida não.

→ A vida diária é apenas um modo de encher o tempo entre o nascimento e a morte, com algumas passagens pela diversão e inúmeras pela chateação (comigo, felizmente é o contrário)...

Morte

→ Pensamento final de todo o mundo: "Mas já? E por que eu? Por que tão cedo? Por que assim? Por que para sempre?"

→ Um dia, mais dia menos dia, acaba o dia-a-dia.

→ Todas as pessoas falam em mortes procrastinadas.

→ Estou jurado de morte, mas continuo cheio de vida.

→ Morte súbita é aquela em que a pessoa morre sem o auxílio do médico.

→ A maior causa da mortalidade no mundo inteiro é esse mal terrível chamado diagnóstico.

→ A morte é dramática, o enterro é cômico, e os parentes, ridículos.

Observação importante: Quem quiser se divertir mais com o humor de Millôr Fernandes pode recorrer à leitura do seu livro *Millôr Definitivo – A Bíblia do Caos.*

Vejamos agora o que significa um "presente" da esposa para o marido ter uma melhor condição física.

GINÁSTICA DEPOIS DOS 40 ANOS

Agora que acabei de completar 50 anos, minha mulher me presenteou com um cupom válido por uma semana de treinamento físico em uma boa academia local. Independentemente de eu estar em excelente forma, pensei que era uma boa idéia para tentar deter o processo da "barriga" que ataca todos nós. Liguei para a secretária e fiz minha reserva com uma *personal trainer* chamada Perla, que se autodescreveu como uma **instrutora aeróbica** de 25 anos e modelo de trajes de banho e roupa esportiva. A secretária me recomendou que levasse um diário para ir documentando meu progresso, e é este o relato que fiz!!!

Segunda-feira

Comecei meu dia às 6 horas da manhã. Foi bastante difícil levantar-me da cama a essa hora, porém toda a viagem valeu a pena quando cheguei à academia e vi que Perla estava me esperando. Parecia uma deusa grega: ruiva, olhos azuis e um grande sorriso, com uns lábios carnudos (parecidos com os da Angelina Jolie...) e um corpo espetacular. Perla fez um *tour* para me mostrar os aparelhos, tomou meu pulso depois de 5 minutos na bicicleta. Se alarmou que meu pulso estivesse tão acelerado, porém eu o atribuí a ela, vestida com uma malha de *lycra* colada, e estava bem perto de mim. Desfrutei bastante do exercício. Perla estava sempre me motivando quando fazia as sessões, apesar da dor na barriga que eu sentia, de tanto encolhê-la toda vez que ela passava perto.

Terça-feira

Tomei duas jarras de café, porém finalmente saí da porta da minha casa. Perla estava mais linda que nunca, me pôs a levantar uma pesada barra de metal e depois se "atreveu" a pôr mais pesos!!! Minhas pernas estavam um pouco debilitadas, mas eu consegui completar um quilômetro... O sorriso arrebatador de Perla me conveceu de que todo o exercício valeu a pena. Estava me sentindo fantástico... era a minha nova vida.

Quarta-feira

A única forma como consegui escovar os dentes foi colocando a escova sobre a pia e movendo a cabeça para os lados. Creio que tenho uma hérnia nos peitorais. Dirigir não foi tão fácil também, e só de frear e dar voltas no volante me doía o peito.

Estacionei em cima da calçada. Perla estava ficando impaciente comigo por considerar que meus gritos molestavam demais os outros praticantes. Sua voz estava um pouco aguda a essas horas da manhã, e quando gritava me incomodava muito. Meu corpo doeu inteiro quando ela me colocou uma cinta para fazer escalada. Para que diabo alguém inventou uma coisa dessas para escalar quando isso já está obsoleto com os elevadores? Perla me disse que isso me ajudaria a ficar em forma e desfrutar a vida...

Quinta-feira

Perla estava me esperando com seus odiosos dentes de vampiro e com seu sorriso estilo Jack Nicholson em *Batman*. Não pude evitar de chegar meia hora atrasado: foi o tempo que demorei para calçar os sapatos. A desgraçada da Perla me colocou para trabalhar com os pesos. Quando se distraiu, saí correndo para me esconder no banheiro. Mandou um outro treinador me buscar, e como castigo me pôs a trabalhar na máquina de remar... e me ferrei!!!

Sexta-feira

Odeio a desgraçada da Perla mais que qualquer outro ser humano que tenha sido odiado na história do mundo. Estúpida, magra, anêmica, chata e feminista sem cérebro! Se houvesse uma parte do meu corpo que podia se mover sem uma dor angustiante, eu partiria ao meio essa megera. Perla quis que eu trabalhasse meu tríceps. Eu nem sei o que é um tríceps!!! E se não bastasse me colocar o peso, colocou também aquelas terríveis barras. A bicicleta me fez desmaiar e acordei na cama de uma nutricionista, uma tola que me deu uma catequese de alimentação saudável, claro!!! Que mal tem de se entupir de comida a ponto de passar mal? Por que eu não fui fazer algo mais tranqüilo, como ter aulas de costura?

Sábado

A infeliz da Perla deixou uma mensagem no celular com sua voz de gralha, perguntando-me por que eu não fui. Só de ouvir a voz me deu gana de quebrar o celular, porém não tinha a certeza se teria força suficiente para levantá-lo, inclusive para apertar os botões do controle remoto da TV estava difícil. Assim eu fiquei sentado, assistindo a 11 horas seguidas o canal do *National Geographics*, vendo um hipopótamo maldito ficar comendo e brincando na lama...

Domingo

Pedi ao vizinho do lado para ir à missa e agradecer a Deus por essa semana que terminou. Também rezei para que no ano que vem a "tonta" da minha mulher me presenteie com algo um pouco mais divertido, como um tratamento dentário de canal, um cateterismo ou um exame de prostáta...

COMO PROCEDER PARA TER UMA VIDA SAUDÁVEL?

Existem hoje inúmeros livros que explicam como proceder para ter uma vida saudável, e um dos mais simples de entender as sugestões é aquele escrito por David Niven, um psicólogo e cientista social que utiliza recursos de várias disciplinas para estabelecer os seus programas de boa saúde.

Na obra de sua autoria *Os 100 Segredos das Pessoas Saudáveis*, ele relata inúmeras descobertas simples e muito úteis que possibilitam ao leitor cuidar melhor da sua saúde.

O livro é amplamente baseado em pesquisas e estudos científicos.

É uma idéia equivocada pensar **que ficar doente é uma fatalidade**, o que faz com que muita gente não cuide de sua saúde como deveria.

Ao tomar consciência de que nós é que escolhemos ser saudáveis ou não, podemos melhorar significativamente a nossa qualidade de vida.

Quem ler *Os 100 Segredos das Pessoas Saudáveis* aprenderá que o importante é pensar na saúde como um investimento a longo prazo: promovendo pequenas mudanças que vão acabando por fazer uma enorme diferença na vida de cada um.

Além disso, acabará também sabendo que:

➡ **É vital cada um dar um tempo para si mesmo.**

Aliás, a maioria das pessoas costuma ter a sensação de que um dia é **curto demais** para fazer tudo o que deseja.

Assim corremos de uma atividade para outra freqüentemente de forma desorganizada, só parando quando o dia termina.

Dificilmente dedicamos uma parcela de tempo para nós mesmos.

Portanto, se algum tempo for destinado para ficarmos sozinhos e em tranqüilidade, isso não deve de forma alguma ser considerado supérfluo.

Cada pessoa deve saber que pesquisadores da Universidade de Wisconsin descobriram que as pessoas que meditam regularmente têm níveis mais elevados de anticorpos que contribuem no combate às doenças, por isso dê a você mesmo um tempo para sentar um pouco, pensar, sentir, contemplar – todos os dias.

➡ **É essencial respirar direito.**

De fato, respirar de maneira apropriada é certamente a forma mais simples, fácil e eficiente de proteger a saúde.

Graças à respiração melhoramos nossa digestão e circulação, passamos a ter um sono mais profundo, diminuímos a ansiedade e tornamos mais estável nossa freqüência cardíaca.

Recentemente os pesquisadores da Universidade de Harvard confirmaram que respirar profunda e calmamente a partir do abdômen desencadeia um fluxo de sangue rumo ao cérebro e leva a uma redução de 65% no estresse.

➡ **É fundamental incluir um tomate por dia para ter uma vida melhor.**

Pois é, enquanto a maior parte das frutas, verduras e legumes possui maior valor nutritivo quando consumida crua, o tomate conserva suas propriedades benéficas mesmo depois de cozido.

O licopeno, um componente orgânico que faz com que o tomate seja vermelho, é o ingrediente–chave que auxilia a reduzir a incidência de certos tipos de câncer e doenças cardíacas.

Assim, cinco porções de tomate por semana, servidas sob qualquer forma – enlatadas, cruas, em sopa, como *ketchup* ou suco – proporcionam licopeno suficiente para cortar pela metade o risco de câncer e doenças cardíacas e para melhorar a condição dos pulmões, olhos e pele, como informam os cientistas da Universidade de Ohio.

➡ **É importante beber suco de uva.**

Da mesma forma que o *teflon* impede que a sujeira grude na frigideira, o bioflavonóide encontrado no suco de uva impede que o colesterol grude nas nossas artérias.

Portanto, o consumo regular de suco de uva reduz a probabilidade de suas artérias virem a ser obstruídas e diminui dessa maneira o risco de doenças cardíacas e derrames.

Os bioflavonóides ou compostos que agem como antioxidantes combatem os efeitos nocivos dos radicais livres.

Claro que eles podem também ser encontrados em um grande número de frutas e legumes, especialmente nas maçãs, nas cebolas, no chá (especialmente o chá verde), nozes, etc., mas o efeito mais pronunciado para combater as doenças cardíacas está com o suco de uva (e alguns também acham com o vinho tinto...), pois os médicos da Universidade de Stanford concluíram que quem bebe regularmente o suco de uva reduz em mais de um terço a oxidação do colesterol.

➡ **É imprescindível tomar cuidado com o consumo exagerado de bebidas energéticas.**

Evidências provenientes de estudos médicos indicam que para exercícios físicos que não durem mais que 45 minutos, não há praticamente nenhuma vantagem em beber outra coisa **que não seja água**.

Para os exercícios puxados, uma bebida isotônica ou energética pode ajudar a repor o que você consumiu.

No entanto, é aconselhável examinar com atenção os rótulos desses produtos, já que algumas dessas bebidas estão mais perto de ser *junk food* do que substâncias realmente nutritivas.

Os pesquisadores da Universidade Estadual do Colorado concluíram que para nove entre dez pessoas, a água é a bebida mais indicada para se refazer dos exercícios físicos habituais.

Realmente bebidas energéticas só trazem benefícios aos atletas que desenvolvem atividades especialmente exigentes.

A saúde é um bem básico e fundamental que determina toda a nossa qualidade de vida, e por isto não pode ser ignorada.

Negligenciar sua saúde, seja no que diz respeito aos seus hábitos diários ou a um problema crônico, **não faz o menor sentido e é um atentado contra si mesmo!!!**

Quando estamos com fome, comemos, mas antes de ficarmos famintos costumamos planejar como vamos conseguir a comida.

Com a nossa saúde deveria ocorrer o mesmo.

Quando está doente, você procura um médico, mas antes de ficar doente, cada pessoa deveria planejar como permanecer saudável, e neste sentido o livro de David Niven é um excelente guia.

São boas essas "dicas" de David Niven, não são?

Realmente, quem quiser mais conhecimentos sobre como manter uma vida saudável deve recorrer à leitura de *Os 100 Segredos das Pessoas Saudáveis*.

Bibliografia

ABURDENE, P.
Megatrends 2010 - O Poder do Capitalismo Responsável
Elsevier Editora Ltda. - Rio de Janeiro - 2006

ALBRECHT, K.
Inteligência Social - A Nova Ciência do Sucesso
M. Books do Brasil Editora Ltda. - São Paulo - 2006

ARAÚJO, P. H. de
Motivando o Talento Humano
Editora Eko - Blumenau - 1999

BAKER, M. W.
Jesus, o Maior Psicólogo que Já Existiu
Editora Sextante - Rio de Janeiro - 2005

BELLINO, R.
3 Minutos para o Sucesso
Elsevier Editora Ltda. - Rio de Janeiro - 2005

BORGES, G.
O Livro da Preguiça
Editora Mercuryo Ltda. - São Paulo - 2001

BOSSIDY, L. - CHARAN, R.
Execução - A Disciplina para Atingir Resultados
Elsevier Editora Ltda. - Rio de Janeiro - 2004

BOYATZIS, R. - MCKEE, A.
O Poder da Liderança Emocional
Editora Campus - Rio de Janeiro - 2005

BRYSON, B.
Breve História de Quase Tudo
Editora Schwarcz Ltda. - São Paulo - 2003

CHEUNG, T.
Toda a Sorte do Mundo
Editora Fundamento Educacional Ltda. - São Paulo - 2004

CHOPRA, D.
As Sete Leis Espirituais do Sucesso
Editora Best Seller - Rio de Janeiro - 2006

CHU, CHIN-NING
A Arte da Guerra para Mulheres
Editora Fundamento Educacional Ltda. - São Paulo - 2003

COHEN, M.
Guia Pequenas Empresas & Negócios - Como Manter Viva a sua Empresa
Editora Globo S.A. - São Paulo - 2004

COUSSEMENT, F - SCHEPPER, P. de - KAY, K.
Brain Strains - Eye Popping Puzzles
Sterling Publisher Co., Inc - New York - 2001

COVEY, S. R.
O 8º Hábito - Da Eficácia à Grandeza
Elsevier Editora Ltda. - Rio de Janeiro - 2005

CURY, A.
Revolucione sua Qualidade de Vida - Navegando nas Águas da Emoção
Editora Sextante - Rio de Janeiro - 2002

GITOMER, J.
A Bíblia de Vendas
M. Books do Brasil Editora Ltda. - São Paulo - 2005

FRANKEL, L. P.
Mulheres Ousadas Chegam mais Longe
Editora Gente - São Paulo - 2004

HANNA, P.
Você Pode! - Descubra o Caminho para Mudar e Vencer
Editora Fundamento Educacional Ltda. - São Paulo - 2004

HERALD, J.
Atitude!
Editora Fundamento Educacional Ltda. - Curitiba - 2004

HERALD, J.
Atitude! 2 - O que Você Está Esperando?
Editora Fundamento Educacional Ltda. - São Paulo - 2005

HUNTER, J. C.
Como se Tornar um Líder Servidor - Os Princípios de Liderança de o Monge e o Executivo
Editora Sextante - Rio de Janeiro - 2006

Johnson, S.
Quem Mexeu no Meu Queijo? - Para Jovens
Editora Record - Rio de Janeiro - 2004

JOHNSON, S.
Quem Mexeu no Meu Queijo?
Editora Record - Rio de Janeiro - 2004

JONES, L. B.
Jesus, o Maior Líder que Já Existiu
Editora Sextante - Rio de Janeiro - 2006

KOTLER, P.
O Marketing sem Segredos
Bookman Companhia Editora - Porto Alegre - 2004

LEÃO, D.
Quase Tudo
Companhia das Letras - São Paulo - 2005

MANZ, C. C.
Jesus, o Maior Executivo que Já Existiu
Elsevier Editora Ltda. - Rio de Janeiro - 2006

MATTOS, A.
500 Frases de Para-Choques de Caminhão
Editora Leitura Ltda. - Belo Horizonte - 2005

MATTOS, J. R. L. de - GUIMARÃES, L. dos SANTOS
Gestão da Tecnologia e Inovação - Uma Abordagem Prática
Editora Saraiva - São Paulo - 2005

NIVEN, D.
Os 100 Segredos das Pessoas Saudáveis
Editora Sextante - Rio de Janeiro - 2004

NORTHCUTT, W.
O Prêmio Darwin - A Evolução em Ação
Frente Editora Ltda. - 2001

OHMAE, K.
O Continente Invisível - Quatro Estratégias Definitivas para Atuar na Era das Empresas sem Fronteiras
Editora Campus Ltda. - Rio de Janeiro - 2001

PEÑA, H. de la e outros
Como se Dar Bem na Vida, Mesmo Sendo um Bosta
Editora Objetiva - Rio de Janeiro - 2005

PESKE, N. - WEST, B.
Cinematerapia para a Alma
Verus Editora - Campinas - 2004

PETERS, T.
Reimagine!
Editora Futura - São Paulo - 2004

PRAHALAD, C. K.
A Riqueza na Base da Pirâmide - Como Erradicar a Pobreza com o Lucro
Bookman Companhia Editora - São Paulo - 2005

RIFKIN, J.
O Sonho Europeu
M. Books do Brasil Editora Ltda. - São Paulo - 2005

SCHMITT, B. H. - BROWN, L.
Gerenciamento Criativo
Editora Nobel - São Paulo - 2005

SEIWERT, L. J.
Se Tiver Pressa, Ande Devagar
Editora Fundamento Educacional - São Paulo - 2004

SILVA, A. B. B.
Mentes & Manias - Entendendo Melhor do Mundo das Pessoas Sistemáticas, Obsessivas e Compulsivas
Editora Gente - São Paulo - 2004

SLATER, R.
A Imagem e o Homem - Descubra a Verdade sobre Donald Trump
Pearson Education do Brasil - São Paulo - 2006

SOUZA, F. A. M. de
*Marketing Trends 2005 - As Mais Importantes Tendências
do Marketing para os Próximos Anos*
M. Books do Brasil Editora Ltda. - São Paulo - 2005

SPROESSER, A.
Viver Bem com Qualidade - O Fator Wellness
Sapienza Editora - São Paulo - 2004

STEWART, T. A.
Capital Intelectual
Editora Campus Ltda. - Rio de Janeiro - 1998

TADEU, P. - SUZUKi, J. C.
Quem Mexeu no Meu Salame?
Matrix Editora - São Paulo - 2003

TAJES, C.
A Vida Sexual da Mulher Feia
Agir Editora Ltda. - Rio de Janeiro - 2005

TEMPLAR, R.
Chega de Queijo, Só Quero Sair da Ratoeira
Pearson Education do Brasil - São Paulo - 2005

WELCH, J. - WELCH, S.
Paixão por Vencer - A Bíblia do Sucesso
Elsevier Editora Ltda. - Rio de Janeiro - 2005

ZACHARIAS, R.
Pode o Homem Viver Sem Deus?
Editora Mundo Cristão - São Paulo - 1997

ZANDER, R. S. - ZANDER, B.
A Arte da Possibilidade
Elsevier Editora Ltda. - Rio de Janeiro - 2001

Conheça os títulos mais recentes do autor:

QUALIDADE COM HUMOR
Volume 1

A RODA DA MELHORIA

GESTÃO CRIATIVA
Aprendendo com os mais bem
sucedidos empreendedores do mundo

QUALIDADE DA CRIATIVIDADE
Volume 1 e 2

EMPREENDER É A SOLUÇÃO

O BOOM NA EDUCAÇÃO
O Aprendizado Online

Boa Leitura, melhor qualidade de vida

Acesse nossos títulos no site:
www.dvseditora.com.br